# 紙呪

田中俊行

紙呪　目次

# はじめに

紙は約二千年前、中国で発明されたといわれています。

それ以前は、人間は文字を持たなかったため口伝に頼っていたそうです。より正確な情報を伝えるために記号から文字が生まれ、その後、時を経て紙が使われるようになります。

英語のペーパー（paper）の語源にもなった「パピルス」は紀元前二五〇〇年ごろから用いられているといわれていますが、植物の茎の芯を削いだものを圧搾して作り、「漉《す》く」という工程がないため、正確には紙とは呼べないそうです。

長い歴史を経て紙は世界に存在するわけです。

日本では「カミ」は神とも置き換えられます。神社の紙垂《しで》や御幣《ごへい》は、神様を紙で表現したものです。

呪いにも人形《ひとがた》の紙を使います。

お札など人と神をつなぐものも紙なのです。

僕はいろんな呪物を集めていますが、紙も好きです。

なんてことないチラシなど、裏が白い何も書かれていない紙があれば、それを大切に保管して絵を描いたり言葉を書いたりしています。

いまは電子書籍があるのでモニターで本も読めるようになりましたが、僕はできるだけ紙の本を購入するようにしています。

古本も大好きで、いままでいろんな人たちの手に渡ってきたことを思うと、そこには念がこもっていると考えています。

たまに古本を買うと以前の持ち主が文章に赤線を引いていることがあります。

それが自分も気になった文章だったとき、すごくうれしい気分になるのでした。

文庫を古本屋で購入したとき、本の内容とはまったく関係なく、ページの余白にいま自分が恋愛している相手への想いが書かれていたこともありました。

昔の持ち主の超プライベートを少しのぞいた気がして楽しくなったものです。


紙には魔力があると思っています。

少なくとも僕はその魔力に取り憑《つ》かれています。

今回はそんな紙にまつわる不思議な話を書きました。

ぜひこの本の「紙」を感じながら読んでいただければ幸いです。

もちろん電子書籍で購入してもらってもうれしいです。

# 紙が怖い

「田中さん、手に入れたら自分が死ぬぐらいの呪物ないですかね？」

たまに前田さんからこんな連絡がくる。

前田さんは僕と同じように呪物を集めていて、しかも自分が死ぬレベルのものを常に探している。

僕も同様に本当に災いがある呪物をずっと探し求めているのだが、死ぬのは嫌だ。

しかし前田さんとしゃべっていると、彼はどこか早く死にたそうに思えてくるから怖くなる。

前田さんのコレクションも相当なのだ。僕と少し違うのは妖怪のものが比較的多く、カッパのミイラや手など、骨董的、文化的にも価値があるものをたくさん集めている点だ。

特に貴重なのが百鬼夜行絵巻の肉筆画だ。妖怪の姿がユーモラスに描かれ博物館に展示されてもおかしくない。

保存状態もよく、発色もとても綺麗で感動する。

前田さんは僕よりも年上で収集歴は長い。いつも情報交換などをして仲良くしてくれている。

何度か家に行かせてもらいコレクションを見たこともあるのだが、感じる力が薄い僕ですら、とても嫌な感じのものがひとつある。

「もう十年ぐらい前ですかね」

前田さんはインターネットの検索サイトで幽霊の画像を調べたり集めたりしていた。いまのような使いやすい検索サイトがいくつもある時代ではなく、探すのにも労力と時間を要した。

そのときに偶然見つけた幽霊画があった。

辿っていくと扱っていたのは骨董商だったので、電話をして購入したという。

その絵には女の幽霊が描かれていて、もしかしたら江戸後期の武士であり画家であった渡辺崋山《かざん》が描いたのではないかというものだった。


「うちの店をどこで知ったの？」

「サイトから探してずっと辿ってきました」

「わかった。幽霊画を売ることはできるが絶対に返品はしないでくれ」

〃ああ、これは古いものだから返品しないでくれということか……わかった……でもそんな念押ししてくるかな？〃

「金額は決して他言しないでくれ。もちろん領収書も発行しない。そしてどこから買ったのかも絶対に誰にも言わないでくれ」

突拍子もない条件でもなく、ある程度は容易に受けられる約束事だったため、前田さんも了承した。

家に戻って、「いい買い物ができたなあ」と前田さんはその幽霊画を眺めていた。

昔から心霊系などいわゆる怖いものには鈍感だったという。

ただ十代のころから、周りの人が死ぬことが多かった。

地元の仲の良かった先輩もそのひとり。

夜にバイクで走行中、路肩に停まっていたフォークリフトの〝ツメ〟が上がっていて、そこに引っかかる形で転倒し、首がちぎれて亡くなってしまった。

新宿を歩いていたら上から人が降ってきて、目の前で地面に叩きつけられて亡くなったこともあった。

とにかく〝変〟な死に方をする人が多かった。

だからいまさら幽霊画を怖がるなんていうことはなかった。


幽霊画を購入したあとすぐに、前田さんと三歳ぐらいからずっと一緒だった仲の良い幼なじみから電話があった。

「どうしたの?」

「俺……あと一年ぐらいで死んじゃうらしい……」

末期がんとのことだった。

それから一年ほど経ち、先輩から電話があった。

「あいつ死んじゃったよ」

どうやら自宅に帰る途中、自宅の目の前で倒れて亡くなっていたらしい。

がんでなくなったのか、がんによってどこか身体が悪くなったのかは先輩もわからないそうだ。

それからまた一年後。

父が肺炎になったと連絡が来た。

慌てて家族と病院に向かうと意外にも父は元気だった。

「なんだ。元気じゃん」

安心し、家族みんなで写真を撮った。

父が肺炎になったことを話し、心配してくれた友達には写真を添えて連絡をした。

それを見た友達からすぐに連絡があった。

「元気だったのはよかったけどさ、左端の鏡に映ってるの何？」

洗面台の上にある鏡の中に顔のようなものがあった。単に何かが反射していたのかもしれない。

　とにかく父が元気だったので、特に気にせず安心して自宅へ帰った。

　その翌日、病院から連絡があった。

「お父さん、容態が急変して、いま息を引き取りました」


　さらに一年後。

　妻の祖母が自宅で転倒して骨折した。

　不幸中の幸いで転倒した際に頭を打たなくてよかったと思った。

「今度また転ばないように滑り止めのついた靴下を買ってあげようか」

　そう話しながらお見舞いにいった。

　骨折はしたものの、とても元気だったので安心した。

「気をつけてくださいね」

　声をかけてまた自宅へ帰った。

　翌日、病院から連絡があった。

「病院の中で転倒し、頭を打って意識不明になりました」

大きな病院へ転院したとのことで急いでお見舞いにかけつけたが、すでに亡くなっていた。

また一年後。前田さんの最愛の妻も亡くなった。死因は言いたくないようで僕には教えてくれなかった。

もういよいよおかしい。

「幽霊画を購入してからだ……。一年ごとに身内が死んでいく」

どんどん「死」が自分に近づいてきている。

前田さんは徐々に近づいてきている何かに恐怖した。

そして一年後。

「気候も落ち着かなくて嫌ですねえ」

「そうねえ」

昨日まで元気だった、隣に住んでいるおばあちゃんまでが亡くなった。

その一年後、愛猫が亡くなった。

前田さんの寝ている布団に潜り込んできて一緒に寝ていたが、朝になったら冷たくなっていた。

また一年後、飼っていた蛇も亡くなった。
前日に水を変えてエサもあげて、とぐろを巻いていた。
次の日になってもそのままで、見てみると亡くなっていた。
「ああ、また一年か……」
一年ごとに自分の周りの大事な人ばかりが亡くなる。
まだ自分には来ないのか……。
蛇が亡くなってすぐに、前田さんのひとり娘が出ていった。
これで、この幽霊画の周りで生きているのは前田さんだけになった。
そう話す前田さんの表情はどこか笑っているようだった。

# 呪術書

金子さんは僕が参加している「祝祭の呪物展」を見て呪物に興味を持った。

どうしても自分も呪物が欲しくなったが、オークションは偽物が多い。

「呪術書」なら偽物も少ないだろうと思い、オークションで見つけたある一冊を落札した。

その呪術書は『新撰呪詛調法記大全』という書名で、百八十年前の日本の呪術がたくさん載っていた。

家に届いたが少し怖く思い、すぐに本の中身を確認することはしないで机の上に置いた。

明日じっくりていねいに確認しよう、そう思いながら眠りについた。

「うわぁぁぁああんうわあぁああああああ」

まるで叫ぶかのような声が聞こえて、夜中に目が覚めた。

尋常じゃないほど泣きじゃくる子供の声で、外から聞こえてくるようだ。

その声は移動せず、ずっと同じ場所に留まっていた。

しばらくすると子供の声は聞こえなくなった。

「なんか変なことでもあったのかなあ」

その部屋に住んで以来、子供の声が聞こえたことはなかったので、金子さんは心配になった。

声はやんだが、聞こえた方角を確かめようと窓を開けた。

外を見ると夜中にもかかわらず家の前に不審な男がいる。

その男はじっとこちらを凝視するように立っていた。

気持ちが悪くなって慌てて窓を閉め、ひと息つくと、ふと机の上の呪術書が気になった。すっかり目が覚めてしまったこともあり、ペラペラとめくっていたら、紙が一枚はらりと落ちた。

「なんだこれ？」

拾い上げてみた。

その紙は服忌令《ぶっきりょう》という日本の風習に関係のあるものだった。

服忌令とは、近親の死亡者について、親《ちか》しさの度合いに応じた喪の服忌や忌日の日数を定めたものだ。たとえば江戸幕府では、五代将軍徳川綱吉が武家の服忌令を制度化している。

金子さんは服忌令を知っていて、その紙を詳しく見た。

右上には文章が書かれているが、何が書いてあるのかはわからない。

左側には魔法陣のようなものも描いてあった。

金子さんはそれにも見覚えがあった。図のそばに「金神《こんじん》」の文字がある。

金神とは方位の神様で、平安末期ごろから信仰されていたようだ。

江戸時代にはさらに多くの人に知られるようになる。

金神はとても恐ろしいものだ。

金神の方位に逆らって引越し、結婚、旅行などをすれば、金神を怒らせることになる。金神の怒りに触れると、「金神七殺《ななさつ》」が起きるとされている。

金神七殺とは家族を七人殺すということだ。七人も家族がいない場合は、隣の家の人も殺すというもの。金神は祟り神なのだ。

おそらくこの紙は、誰かが亡くなったときに「金神方位除《よ》け」という呪術を使ったときのもののようだ。

紙が挟まっていたのは、金神の呪術が載っているページだった。金神方位除けとは、金神を迷子にさせて、こちら側に災いが来ないようにするための呪術だろう。

「変なものの出てきちゃったな……」

金子さんは金神のような祟り神の話は好きで、昔から自分で調べていた。

その内容はすべてｉＰｈｏｎｅのメモアプリに保存していた。

この呪術書が届いた数日後、ｉＰｈｏｎｅの画面を見たら、見知らぬアプリがひとつ増えていた。

それは見たことのないアイコンで、タップしても何も反応がない。

「なんだこれは……」

気になったのは、アイコンのデザインが方位などに使うような図柄だったことだ。

しかも消そうとしても消せない。

とりあえず謎のアプリはそのままにして、呪術書について新たに調べたことをいつものメモアプリに保存をしようとしたところ、今度はメモアプリがどこにも見当たらない。

改めてｉＰｈｏｎｅをよく見ると、謎のアプリも消えている。

そのとき、いつも使っていたメモアプリのアイコンが、意味がわからない謎の画像に変わっていたのだと気がついた。

金子さんがいままで調べてきた膨大なデータがすべてなくなってしまった。

いまだに金子さんのｉＰｈｏｎｅにはメモアプリがない。

金子さんは呪術書に手を出したことにより、呪いを少し身近に感じることができたと思っている。

新撰咒咀調法記大全

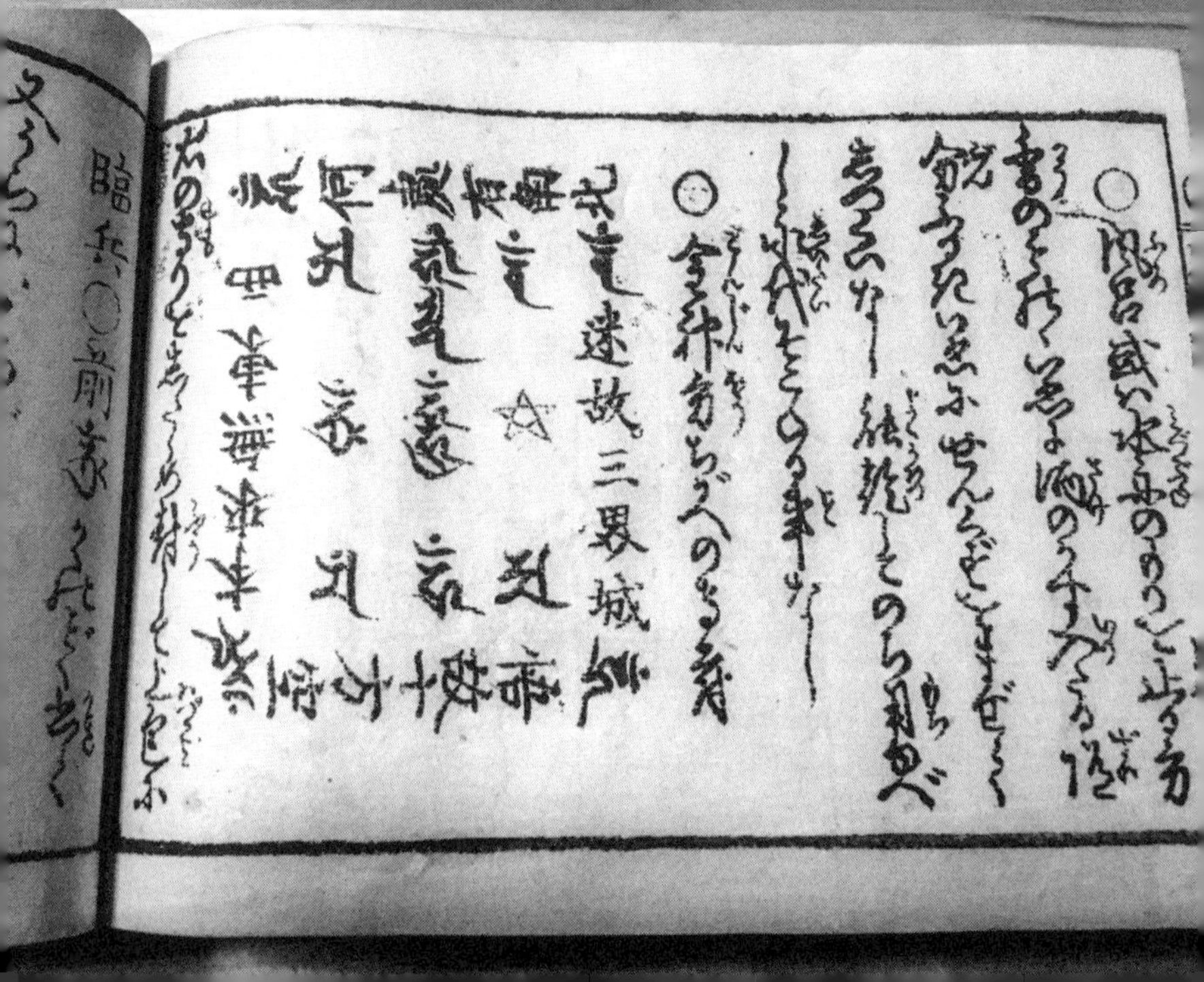

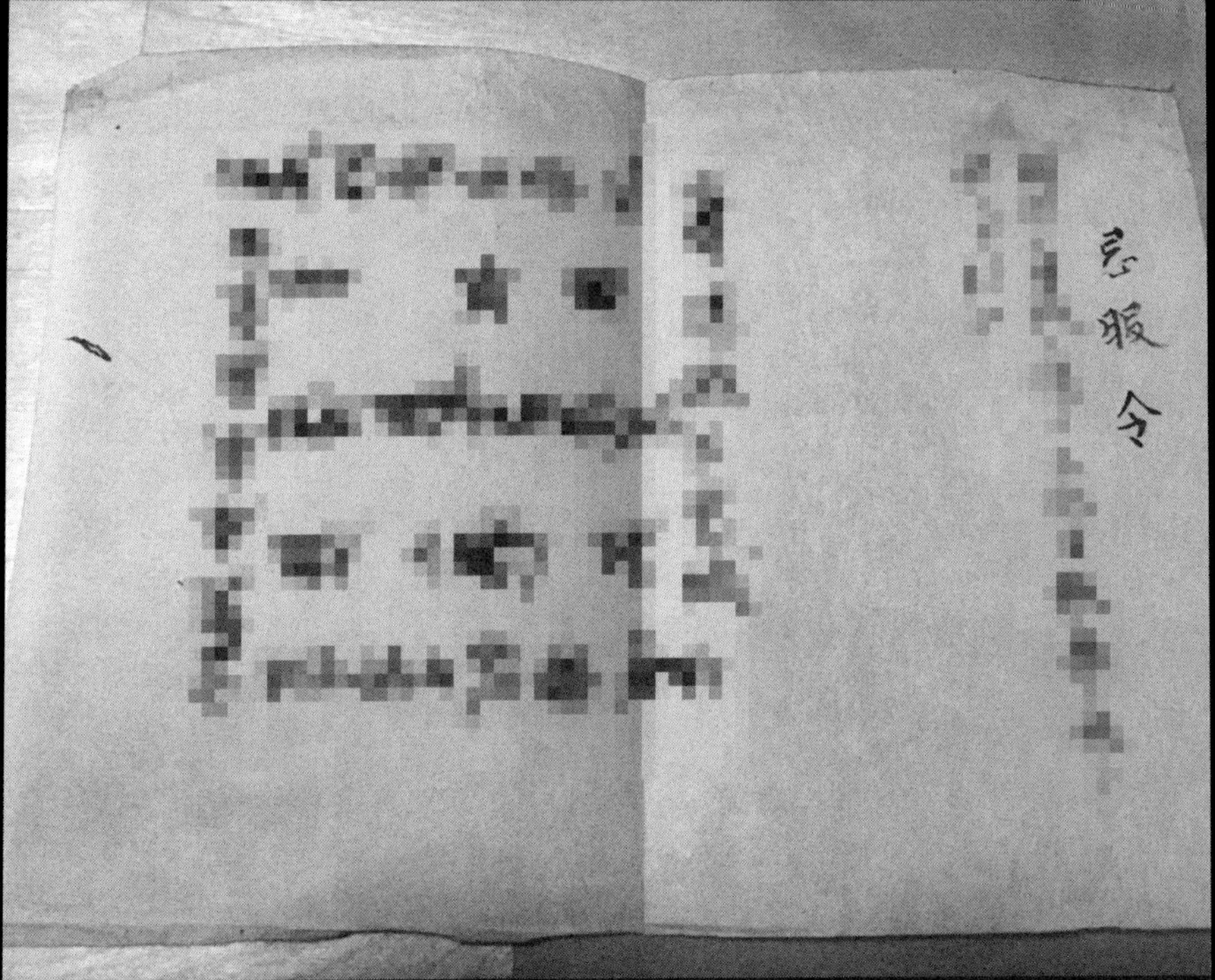


オークションで落札した呪術書『新撰呪詛調法記大全』（右上）『新撰呪詛調法記大全』の中身（右下）『新撰呪詛調法記大全』にはさまっていた紙（左上）

# 呪いの絵

僕は呪物を集めに集めて現在一〇〇以上のコレクションがある。

これは昨年、僕のコレクションに加わった、関東のとある店に飾られていた呪いの絵の話だ。

絵はその店の娘さんのお父さんが、叔父さんからもらってきたものだった。

叔父さんはもう亡くなっている。

その絵を店に飾ったところ、娘さんとお母さんは絵を飾っているところだけ暗く感じるようになる。

だんだん「あの絵、怖いな」と思うようになり、娘さんとお母さんは絵の前を小走りで通り過ぎるようになっていた。

絵は店内に飾られていたので、不特定多数のお客さんの目に触れる。

ある日、何かを感じるタイプのお客さんが絵を見て言った。

「この絵には念がこもっている。呪物だね。飾らないほうがいい」

お母さんは、家族だけが使う倉庫のような部屋に絵を置くことにした。


その夏、親戚の女の子が遊びにきて、絵を置いた部屋を使うことになった。

すると若く活発だった女の子がみるみる体調を崩し、その部屋から出てこなくなる。

この絵にはやっぱり何かある、ということになり、置き場に困ったその絵を別の店舗に持っていくことにした。すると、その絵を見た別の客にまた同じことを言われる。

「作家の念なのか、描かれてこもった念なのか、持っていた人の念なのかわからないけど、すぐに捨てたほうがいい」

呪物に呪われたら粉々にして焼く、というのはひとつの方法としてある。

「すぐには捨てに行けないだろうから、応急措置として念を封じ込めてあげましょう」

娘さんとお母さんは半信半疑だったが、その客の提案を受け入れることにした。
彼が絵に向かって何かを唱えると、
〝ジジジジジ……〟
部屋の電灯が映画のように点滅した。

念を封じ込められ、できる限り早くゴミ処理場に持っていくことになった直前に、縁あって、僕はその絵を引き取ることになった。
娘さんとお母さんからとても心配されたが、「呪物を集めているので大丈夫」と説得して持って帰ってきた。

その絵には裸の女の人が脇に桶を置いて体を洗っている姿が描かれていた。
なぜか寂しげだった。
その絵を見ながら布団で寝ていたところ、僕は毎晩同じ夢を見るようになった。
まったくうまくいかない。
何をやってもうまくいかない。

これはまったくあかんな……やっぱりあの絵のせいか……。

夢のなかでそう思った瞬間にパッと目が覚める。

これが3日続いた。

呪いの絵はいまも僕の部屋にあり、いまではもう夢は見なくなった。先入観があったのかもしれない。しかしまだ、何かが起きるかどうかはわからない。

# 紙に包まれた曰く物

ユリさんは僕や都市ボーイズのはやせくんの影響で、呪物に興味を持った。

「ひとつぐらい買ってみようか」

そう思い、フリマサイトをのぞいていたら、紙に包まれた異様な写真が目に入った。

それは「曰《いわ》く物？」として出品されていた。

しかも約五年前に出品されてからずっと売れ残っていた。ユリさんは思い切って出品者のAさんに連絡をしてみた。

サイトには紙でぐるぐるに巻かれた状態の写真しか載っていない。

詳細を聞いたところ、約七年前に蚤《のみ》の市で購入したとのことだった。

「どこかの家の引き渡しの際に出てきたみたいだ。一度開けようとしたらお札みたいなのが貼られていたので開けるのをやめたんだ」

Aさんは蚤の市の売り主からはそう説明され、さらに奇妙な忠告を受けたそうだ。

「誰かに渡すときは三〜七枚の紙で包まなければならない」

不気味だが気になってしょうがないAさんは、ほかの気になる小物と合わせて、紙に包まれた「曰く物」も買うことにした。

その「曰く物」を買ってからもAさんは中身を確認できずにいた。

夜中にたまにその紙に包まれたものの中から音が聞こえるような気がしたが、薄気味悪くて開けることができなかった。

ユリさんはAさんの話を聞き、思い切って購入を決めた。

Aさんは蚤の市での忠告通り、さらに三枚ほどの紙で巻いて送ってくれた。

ユリさんの家に来た「曰く物」は確かにフリマサイトの写真よりも、さらに紙でぐるぐる巻かれて大きくなっていた。

実際の呪物らしきものを初めて手にし、怖くなったユリさんはタンスの小さな引き出しにそれをしまうことにした。

ユリさんは新築の家に引っ越したばかりだったが、「曰く物」を置いている部屋から何かの匂いのかたまりのようなものがたまに現れて、部屋を移動しているように感じた。

線香のような着物のような……古いものの匂いだったという。

結局、それ以外は特に何もなかったので、中身が気になり、開ける決心をした。

何重にも巻かれた和紙や新聞紙、お札のような張り紙、麻糸でぐるぐるに巻かれた下にさらにまた紙が……。

やっと開けると古い箱の中に漆《うるし》塗りと思われるとても綺麗なオルゴールの宝石箱が現れた。

オルゴールは壊れていた。

箱を開けると指輪がひとつ入っていた。

光の輝きからするとダイヤモンドではないかと思った。

誰かの婚約指輪なのだろうか……。

箱の中の指輪を守るためにそこまでぐるぐる巻きにする意味はよくわからない。

ホッとしたような謎が増えたような、複雑な気持ちだけが残された。
指輪のサイズはユリさんの小指よりもさらに小さかったという。

# 青い目の人形

まゆさんは昔から心霊写真や怖い話が載っている本が好きだった。
しかし本人はとても怖がりだ。
買ったはいいが読める本と棚にしまい込んでしまう本がある。
これは棚にしまい込んでしまった本の話だ。

書店で見た瞬間、いわくつきのものが載っている本に心を摑まれた。
見てみたい……!
気づけばその本を手に取っていた。
しかし家に帰っても怖すぎて最初は読めなかった。

でも興味はある。パラパラと遠目で見ていた。

すると、すごく綺麗な青い目の日本人形のページがあった。

「目がこんな青い日本人形ってあるんや」

しかし、いわくの文章は読めなかった。

文章は読めないがその人形の青い目から眼が離せない。

思い切って本を閉じた。


それから何日間か、なんとなく気分が落ち込んだり頭がぼんやりして、胃が気持ち悪くなったり体調不良になったりした。頭から日本人形の真っ青な目が離れない。

〝この本は読まない方がいい〟

そう思い、棚の奥にしまい込んだ。


それから何ヵ月かしてまゆさんは体調もよくなり、気分も回復した。しかし青い目はまだ頭のなかに残っている。

もう一度見てみたい。

棚の奥から本を出した。そしてページを開いた。

しかしあの綺麗な青色の目の日本人形は載っていない。確かに目がブルーと書かれた日本人形のページはある。

だが思っていたブルーじゃない。パラパラ見ているだけでも目に留まるくらいの青さだったのに。

部屋の電気を明るくしたり、角度を変えたりしても、あの宝石みたいなブルーには見えない。

まゆさんはいまでもあの日本人形のページをみるとぞわぞわして気持ちが悪くなる。捨てることもできないという。

これは僕の著書『呪物蒐集録』に収録した「謎の日本人形」の話だ。

両親が亡くなって息子夫婦が家の整理をしていると、仏壇の奥から見たことがない日本人形が出てきて、夫がそれを見るなり言ったという。

「やばい、あの人形は触らないほうがいい」

二人とも感じやすい体質で、その人形を見つけてから気分が落ち込み体調が優れない。そんな理由で私に送られてきた呪物だ。

確かにこの人形は珍しく青い目をしてはいるが実際に見てみると青というよりはグレーに近い。曇ったブルー。まゆさんが見た真っ青ではない。

まゆさんは人形の持ち主と同じような気分の落ち込みと体調不良を体験した。

『呪物蒐集録』を購入したことで障《さわ》ったのかもしれない。

# 頭骨とお札

僕は、呪われたとされるものやいわくつきのいわゆる「呪物」を趣味で集めている。集めるために骨董品屋、蚤の市、古道具屋などによく行く。

関西に昔から懇意にしている骨董品屋がある。店主は僕の趣味をわかってくれていて、呪物がもし見つかれば取っておいてくれる。

これはまだそのお店に行きはじめたばかりのころの話だ。

「ああ、この前のもの、あなたに渡せばよかったな」

「え、何かいわくつきのものがあったんですか？」

いまでこそ何か見つかればすぐ連絡をくれるが、そのころはまだ店主と僕はそこまで親密ではなかった。

「この前のもの」とは店主が岡山の業者から引き取ったものだという。

業者の話ではどうやら岡山の修験道の人がたいそう大事に持っていたらしい。

それは二五センチ×二〇センチほどの長方形の古い厨子《ずし》に入っていた。

「なんかね、猿の頭らしいよ。山奥で呪術みたいなのをやっていたんだろうね、あんたそういうの好きでしょ」

そう言われ、店主は岡山の業者からそれを預かった。確かに厨子からも何かただならぬ雰囲気は感じられた。

中身を見てはいけないような気持ちになったが、店主も珍奇なものやいわくつきのものは好きなほうだ。中身を見て気に入らなかったら好事家にでも売りつけよう、そう思った。

店に戻り中身を確認するため、ゆっくりと厨子の観音開きの扉を開けた。

中には大人の拳より少し大きい丸いものが入っている。

だいたい一五センチほどの丸いものが、扉を開けた拍子にコロッと少し動いた。

「なんだこれ……」

猿の頭と言われていたのだが、すぐには確認ができなかった。なぜなら猿の頭らしいものには、古いお札がすき間なくびっちりと貼られていたからだ。店主は嫌悪感と想像以上の禍々《まがまが》しさを感じた。

猿の頭は日本でも魔除けで使われていた過去がある。東北や西日本にかけて多い民間信仰、厩猿《うまやざる》信仰もある。しかし猿の頭にお札などは貼らない。

店主は気味が悪かったが興味もある。

そして商品として中身も確認したい。

〝ペリッ〟

本当に猿の頭骨なのかを確認をするため、店主は恐る恐るではあるが、お札を二枚ほどはがした。

中の骨の一部が見えた。

その瞬間、店主は体から血の気が失せた。

それは猿の頭骨ではなかった。

明らかに人間だった。

それも人間の子供だ。子供の頭蓋骨にお札を貼っているものだった。

東南アジアや海外では人間の頭骨を呪術で使用することは確かにあるが、日本では珍しい。

これはさすがに……と思い、お札をていねいに貼り直し、厨子に収めた。

これは持っていてはダメなものだ。


いまならば僕が受け取っているのだろう。当時はまだそこまでの信頼関係ではなかったため、店主はそれを僕ではなく同業者のＡさんに回すことにした。

さっそくＡさんに電話した。

「あの……なんかね、修験道が持っていた猿の頭があるんだけど、お札がいっぱい貼られててね。君、こんなの好きでしょう？」

同業者は三十代ぐらいの男性で、その人も珍奇なものが好きだった。

「ああ、おもしろそうですね、すぐ取りにいきますよ」

そう言ってＡさんは数時間後にお店に来て中身を確認し、厨子を持ち帰った。

店主はＡさんに持ち帰ってほしいがために本当のことは言わなかった。

次の日、Ａさんから電話があった。

「あの……昨日ゆずってもらったあの厨子なんですが、あれ、なんかあかんものですか？」

Aさんは昨日、自分の店には行かず、厨子をいったん家に持ち帰った。しかし同棲していた彼女が怖い変なものが嫌いだったので、気をつかって部屋のクローゼットに隠した。

その後、何も知らない彼女が部屋に帰ってくるなり、険しい顔を見せる。

「いつもと部屋の感じが違う。黒いモヤがかかってる。あんた何か持って帰ってきたでしょう」

Aさんは必死にごまかしたが、何も知らないはずの彼女がそう言ってくるのが気になった。

結局、彼女にばれて「すぐ返してこい」と言われたそうだ。

「え、ただの猿だと思うよ。祟りとかないと思うけど……」

店主は心苦しかったが何も知らないふりをした。

Aさんは不安には思ったが店主の言葉を信じ、彼女には返却すると嘘をつき、その足で店に持っていった。

「そうだよ、田中さんに渡せばよかったんだ。必要ならAさんにいますぐ電話してあげようか?」

「おお、ぜひお願いします」

店主はその場でAさんに電話をかけた。

しかし電話はつながるが、Aさんは出ない。

「おかしいなあ。いまの時間は店にいるはずなんだが。まあ、またかかってくると思うし、明日にでもまたかけるよ。連絡があればすぐ知らせるね」

そう言われ、僕は東京に帰った。


三日後、店主から電話があった。

「猿の件なんだけどね。まだAさんに連絡がつかないんよ。明日ぐらい店に行ってくるからまた連絡するね」

一週間後、店主から電話があった。

「あのねえ、Aさん、全然連絡つかないんだよ。直接、店にも行ったんだけどねえ、シャッターが閉まってんのよ。どうしたんだろ」

それから一ヶ月経っても、Aさんには電話はつながらず店も休んでいるらしい。

「ごめんね、田中さんに渡せば一番よかったのに」

「まあ、一度見たかったですね。それよりAさん大丈夫ですかね？」

「うーん、よくないことが起こったのかもね。あんなもの持っちゃダメだよ。長年やってるとわかるんだよ、触っちゃいけないものが。そういうものは博物館とかに飾ってるときは悪さもしないんだけどね。個人で所有するとよくないよ。契約みたいになっちゃうから扱いには気をつけたいものだね。でもよかったんじゃない。あんたが持ってたら不幸になってたかもよ」

そう言われて電話を切った。

呪物を扱っていると、たまに不思議なことが起きる。

私は頭蓋骨に貼られたお札の理由を考えた。

頭蓋骨にかけた呪いをお札で封印したのではないだろうか。

だとすれば店主がお札をはがしたときから封印が解かれているはずだ。

そのすぐあとにAさんが手に入れたということは、解き放たれた呪いをもろに受けたのではないだろうか。

# ティッシュ

Tさんのお祖母さんは戦前生まれの人だったので、物を大切にし、よく「もったいないもったいない」と言っては、物を捨てずに取っておいたり使い回したりしていた。

花粉症のTさんがティッシュを何枚も使っているときも、お祖母さんから言われた。

「もったいないもったいない」

そんなお祖母さんが亡くなり葬式が終わったあと、Tさんが部屋でティッシュをシュッシュッと取ると、どこからか「だめだよ」と聞こえた。

〝え？〟と思ったが気にせずまたシュッシュッと取った。

「もったいない」

明らかにお祖母さんの声だ。

何が起きるわけでも姿を見せるわけでもなく、ただそれだけなのだが、ティッシュを取るたびに声が聞こえる。

花粉の季節だったのでさすがにTさんはうんざりしたそうだが、四十九日を過ぎたころに声は自然と聞こえなくなった。

# 黒龍

石塚さんが子供のころ、毎年の夏休みに青森県下北半島の恐山《おそれざん》の麓《ふもと》にある親戚の家へ行き、避暑もかねて約１ヶ月間を家族で過ごしていた。

石塚さんが住んでいた関東の家とは異なり、青森の親戚の家には仏壇のある大きな部屋と小さな茶の間があった。

仏壇と茶の間の境には、襖《ふすま》の上に板を渡す形で不思議な神棚が簡易的に作られ、さらに神棚の上には七〇センチほどの大きな黒い龍の置物が載っていた。

その黒龍は大きく迫力があった。子供のころの石塚さんはそれがすごく怖かった。

なぜなら、茶の間の隣にある仏間に入ろうとすると、黒龍が石塚さんに気づくからだ。動くはずのない置物の黒龍の目がギョロっと動き、彼女を見つける。

そして視線が合う。

黒龍は石塚さんの動きに合わせて肩から頭を動かすようにグイと体を回して、彼女の動きを一瞬も見逃すまいと迫力のある目で見つめている。

本当に怖くて、神棚の下を通るときは息を止めて猛ダッシュしていたことを、石塚さんはいまでも忘れられない。

壁に並ぶタンスに沿っていけば見つからないと思い、姿勢を低くしてそっと動いても黒龍は神棚から身を乗り出すようにして石塚さんを見つける。

その威圧感がとんでもなくて、怖さで息を止めてしまう。

龍はコモドオオトカゲなどとは全然違う、とても滑らかな動きだったという。

いま思えば威厳があって神秘的ともいえる。

しかし当時は子供だったこともあり恐ろしかった。

石塚さんが中学生になったころ、青森の家は老朽化により建て替えられた。そして持ち主も代替わりし、石塚さんより十歳年上のいとこのお姉さんの家になった。新しくなった家にも神棚はあった。

しかしあの〝黒龍〟の像がない。

「あの立派な黒龍の像はどこに行ったの？」

いとこに聞いてみた。

「うちに黒龍の像なんてないわよ。怖いじゃない、そんなのがあったら」

確かに昔の家にはあったのに、と伝えると、そういえば……と、こんな話を教えてくれた。

「黒龍といえば、弟が小さいころにチャンバラで遊んでいて、うっかり黒龍の掛け軸を傷つけてしまい裂けてしまったことがあってね。ひいお祖母さんが信心していたものだし、龍はていねいに扱わねば祟るというので、供養のためにあちこちの寺院を訪ねたんだけど、この黒龍は力がありすぎてとてもうちではお預かりできかねますと複数の寺院で断られて、ようやく遠方の寺で供養とともに引き取ってもらえることになったのよね。だから龍のものはこの家にはないのよ」

石塚さんの子供のころはすでに黒龍の掛け軸は供養のために引き取られたあとで、もちろん記憶にない。

寺院に掛け軸を供養してもらったあと、黒龍は掛け軸を抜け出て家に戻ってきたのか。

それとも掛け軸にとらわれずに黒龍は自由に出入りしていて、家の中で家族を見守っていたのか。

いまは黒龍に会うことはなくなったが、子供の私のことも怪我をしないように見守ってくれていたのかもしれない。

# ブリタニカの英語教材

藤田さんが保育園の年長クラスに通っていたころ、英語に興味を持ってほしいと願う親がブリタニカの英語教材セットを買ってくれた。

英語の絵本、辞書、カセットテープ、指人形などがセットになっていて、それらの専用棚もついてくるというかなり豪華なものだった。

藤田さんは当時まだ幼すぎて、英語をあまり理解できなかったが、カセットテープを聴きながら絵本を見たり、指人形で遊んだりするのは好きだった。

しかしその絵本のなかに、どうしても怖くて見られないページがあった。

ほかの話は子供向けでほのぼのしたものだったが、唯一怖いと感じた絵本は「宇宙人が主人公の女の子のお兄さんになりすましている」という話だった。

「もしかしたら、もう怖くなくなってるかも」

ある日、子供特有の謎のチャレンジ精神から、その絵本を見てみることにした。

藤田さんは二階の四畳半の部屋でひとり、その絵本を開いた。


絵本はこんな内容だった。

主人公は外国人の女の子で、彼女は自分のお兄さんがちょっといつもと違うと思いはじめる。

そのうち周りでいろいろ不穏な出来事が起き、

「お兄ちゃんは本当のお兄ちゃんじゃない！　別の何かがお兄ちゃんになってる！」

女の子はそう確信を持つようになる。

あるとき、お兄ちゃんがいる子供部屋のドアのすき間から、赤や青の光が見えた。

女の子が意を決してドアを開けると、子供部屋の中には、お兄ちゃんになりすました宇宙人（タコ型火星人タイプ）がいる。

藤田さんは怖いタコ型宇宙人の絵を久々に見た。

「やっぱりこの本、怖い。もう見ない」

そう思って、本を閉じようとした。

そのときふと、部屋のベランダのほうを見ると、遠くに光る何かが飛んでいるのが見えた。

そして三つか四つくらいの光が列になって、斜め右上に飛んでいって消えた。

「この本を見ちゃったから、宇宙人が来たんだ」

藤田さんはそう思って下の階に慌てて下り、母親に泣きついた。

# お香の匂い

先日、僕はある雑誌の編集部から取材を受けた。

取材を終えたあと怪談蒐集の習慣で「何か不思議な話はないですか」と逆に聞いてみたところ、編集者はこんな話を教えてくれた。

以前、宮沢賢治《みやざわけんじ》の特集号を発売したとき、それを読んだ複数の人から「本から良い匂いがする」と言われた。

「お香の匂いが漂う、そういう演出なんですね」

そんなことも言われた。

本から匂いがすることもあるのかな？　と最初は特に気にしていなかった。

しかしある日、読者から出版社にクレームが届く。

「本を開いたら匂いがして気分が悪くなった」

これは正式に調べなければいけないと、用紙から印刷所のインキ、製本所まですべて確認してもらったが、工程はいままでとまったく同じで匂いがするはずはなかった。

原因はわからないまま、不思議だねという結論で調査は終わった。


宮沢賢治といえば文学青年、言ってみれば陰キャ代表、繊細な童貞のイメージだ。

しかし、お香の匂いがした宮沢賢治特集号は、実は彼はそうじゃなかった、けっこう目立ちたがりの陽キャで、男好きで女好きで童貞でもなかったんじゃないか、という過去の宮沢賢治像をくつがえす内容だったそうだ。

匂いがしたのは宮沢賢治がそんな特集を喜んだからじゃないか、と編集者は言っていた。

その雑誌から良い匂いがしたのは、そのとき限りだったそうだ。

宮沢賢治

# 台本と体育館教室

甲斐さんは大学で演劇部の劇団「虚構」に所属し、年に数回ある公演に向けて稽古をする毎日を送っていた。

普段は大学構内の一号棟の教室を使って稽古をしているが、たまに使えない日もあり、そんなときには体育館教室という体育館の上にある教室を使っていた。

体育館教室は構内の外れにあり、しかも北側で暗く寒く、あまり良い感じがしない場所だった。

ある日、体育館教室での稽古後のミーティングで、部長が話している最中、甲斐さんと松野さんが同時に廊下の方をふり返った。

周りのみんなは何も気づいていなかったようだ。

甲斐さんは松野さんに聞いてみた。

「さっき何でふり返ったの？」

「何か通ったと思ったんだよね。サチもふり返ったじゃん、何で？」

「私も何か通ったと思った。松野さん、目線が低かったよね？　何で？」

「なんか、小さかったから」

「確かに小さかった」

「大学の中だから子供はいないし、何だったの？　あれ？」

「わかんないけど、松野さんが一緒にふり返ったからゾッとした。まただよ、松野さん」

松野さんは霊感がある。

というか、変な体験をすることが多い。

怖いもの好きな甲斐さんにいつもいろいろな話を聞かせてくれていた。

松野さんと一緒にいると、妙なことに遭遇した。

不思議な出来事に気もそぞろだったせいか、松野さんはうっかり台本を体育館教室に忘れて帰ってしまった。

その日、松野さんは忙しそうだったので甲斐さんが代わりに取りにいき、次の稽古の日に渡してあげることになった。


次の稽古は、普段使っている一号棟の教室だった。

体育館教室に忘れていた台本を松野さんに渡し、基礎練を始めるとき、松野さんが言った。

「昨日、帰ってから膝が痛くてさ」

「じゃ、松野さんは基礎練なしで、稽古から参加したらいいよ」

そのときは文化祭に向けて、つかこうへいの『熱海殺人事件』を稽古していた。

稽古が始まり、しばらくすると松野さんが突然、台本をポトッと落とし、狂ったように踊りだした。

松野さんは普段からダンスが好きなので、私もほかのみんなもおかしいと思わなかった。

「また～、松野さんは～」

「あ、ここでダンス入れるって感じ？」

「でも、そんなに目がいっちゃってるダンスうちら踊れないよ〜」

すると突然踊り狂っていた松野さんが自分で落とした台本を踏んで滑って、すごい勢いで転び、そのまま動かなくなってしまった。

「松野さん！　松野さん！　どうしたの？」

「膝……痛い、膝……」

声をかけ、みんなで起こそうとしたものの、松野さんは気絶している。泣き出す女子部員もいて、その場はパニック状態になった。

「とにかく救急車を呼ぼう！」

部長が救急車を呼び、松野さんは病院に運ばれた。

松野さんは靭帯損傷、膝の緊急手術を受けることになり、全治半年という大怪我を負った。

数ヶ月経ち、松野さんは松葉杖をついて大学に通えるようになったが、手術の痕が酷かった。

膝にボルトを入れたそうだ。

甲斐さんはあのときのことが気になり聞いてみた。

「松野さん、なんであのとき台本を床に落として、踊ったの？　まあ、踊るのはいつものことだけどさ。台本はいつも机に置くじゃん、踏んだら転ぶし、実際に踏んで転んでこんなことになったし」

「よく覚えてないんだけどね。なんかあの台本から子供みたいな、ちょっと高い声が聞こえた気がしてさ。踊れって。で、気づいたら病院にいた」

あの台本に、甲斐さんと松野さんが一緒に見てしまった得体のしれない小さい「あれ」が、ひどいいたずらをしたのかもしれない。

甲斐さんは松野さんの膝の手術痕を見ながらそう思った。

# 地獄絵図

コレクター仲間のヌガサカさんは定期的に帰省している。やはり実家は居心地がよく、ゆっくり休むことができる。

しかしなかにはそうでない人もいるだろう。

これはヌガサカさんが、実家に帰りたくない派の友人から聞いた話だ。

友人の実家はアパートで、高校時代までは家族と一緒にそこで暮らしていた。

部屋数が少なく自分の部屋を持つことができなかったので、居間が彼の生活空間だった。

彼はそれがとても嫌だったという。

自分の部屋がない、ということだけではない。

一番の理由はほかにあった。

その居間そのものが嫌だったのだ。

居間の壁には、床の間もないのになぜか「地獄絵図」と呼ばれる掛け軸が飾られていた。

縦長の絵で、中央に閻魔《えんま》大王が鎮座し、おびえる死者に裁きをくだしている。大王の周囲には鬼によって苦痛を与えられている亡者たちが無数に描かれ、友人にはその血の気のない亡者の群れが蠢《うごめく》く蛆《うじ》虫のように思えて怖かったという。

幼いころからずっとその掛け軸のある居間で過ごしていた彼は、その絵をなるべく見ないようにしていた。誰かに地獄絵図を見られるのも嫌で、友達と遊ぶときも絶対に自分の家には呼ばないようにしていた。

大学進学とともに実家を離れ、寮でひとり暮らしをはじめたときは本当にうれしかったそうだ。

ただ実家が嫌だっただけで、家族の仲は別段悪いわけでもない。

ひとり暮らしをはじめたあとも、家族とはよく電話で話していたらしい。

大学生活が二年目に入ったころ、彼は頻繁に体調を崩すようになった。

我慢できないくらいの強烈な腹痛に襲われるのだ。

小中高と健康が自分の最大のとりえであった彼が初めて味わう激痛は、けっこうなショックだったという。

痛みがないときも、腹のあたりがずっと重く感じる。

変な病気だったらまずいと思い、複数の病院で調べてもらうものの特に異常は見当たらなかった。

「ストレスかもしれませんねぇ」

決まって医者に言われるこの言葉に顔をしかめる。

ここ最近、環境や生活リズムが激変したのならばわかるが、大学生活はもう二年目。原因として考えにくい。

バイトも楽しく、周囲の人間関係も家族仲も良好だ。

いったい原因は何なのか。

悩んでいるうちにまた腹痛が襲ってくる。

そんな毎日だった。


腹痛のことを電話で家族に伝えると、帰省してゆっくり休んだらどうだと父が心配して言ってくれた。

友人はひとり暮らしを始めてから一度も実家へ帰っていなかった。

帰らなかった理由は、あの地獄絵だ。

あの絵からとにかく離れたい。

目にも入れたくなかった。

しかしそんなことを言っていられないほど腹痛に悩まされていた彼は、決心して帰省することにした。


約一年ぶりの実家。出迎えてくれた両親。

なんだかんだ言ってもなつかしく気分も軽くなった。

荷物を置くために例の居間へ向かう。

足取りは若干重い。

扉を開けると、彼は驚いて目を見開いた。

あの地獄絵図がない。

居間の前で立ち止まっている彼に母が声をかけた。

「どうしたん？」

「母ちゃん、あの絵……地獄の絵どこいったん？」

「あー、あの地獄絵図？　ちょっと前に父ちゃんがしまったで」

五月初旬、居間を大掃除した際に地獄絵図を外して片づけたらしい。

二人の会話を聞き、父が背後から声をかけてきた。

「なんや、あの絵、見たいんか。そうかそうか！」

〝いや見たくない！〟

そう言う間もなく父は居間へ小走りで移動し、タンスから折り畳まれた掛け軸を取り出した。

「こりゃあお前の〇〇〇やからなあ。やっぱちゃんと飾っとかなあかんな！」

〝〇〇〇〟のところは早口で聞き取れなかった。

うれしそうに父はその掛け軸を広げる。

普通、掛け軸は丸めて保管するはずだが、その地獄絵図はちょうど絵の真ん中あたりで二つに折り畳まれていた。

父はいそいそと地獄絵図を再び居間に飾る。

その瞬間、彼がずっと感じていたお腹の嫌な重さがスッと消えたそうだ。

〝あれっ？〟

不思議に思ったが、父と母にうながされ居間に座り、ゆっくりと過ごしているうちにそのことは気にならなくなってしまった。

帰省中は腹痛に襲われることはなく、数日滞在して大学の寮へ戻った。

それからというもの、まるであの腹痛や嫌なお腹の重さは嘘のように消え去り、再発することがなかったそうだ。

一週間ほどして、父から電話があった。

「おう、すまなんだな……お前の腹痛、俺のせいかもしれんわ。あの地獄絵図、丸めんとたたんどったやろ。真ん中で。あれ〇〇〇やから、お前にも影響したんかもしれん。すまん！」

〝〇〇〇〟はまた聞き取れなかった。

そして彼はそれから卒業するまで一度も帰省せず、社会人になって久々に帰省したらしい。

実家の居間には、まだあの地獄絵図が飾られていた。

# 謎のお札

平岡さんはいまから二十五年前、ハウスクリーニングの仕事をしていた。

当時、平岡さんは少し霊感があり、場所によっては嫌な雰囲気を感じやすかった。

だから事故物件のような特殊現場には入らないよう配慮してもらっていた。

ある日、引っ越し後のアパート清掃の仕事が入った。

現場に到着すると、上司が玄関に突っ立ったまま、ボーッと上を眺めている。

視線の先にあるのは、ドアの上のすりガラスで、そこにはお札が貼ってあった。

上司はお札をどうはがそうか……と考えているふりをしているのだろう。

〝ああ、私がはがせって意味だな〟

そう思ったが、平岡さんは触りたくないのでやり過ごすことにした。

ハウスクリーニングも終盤を迎え、いよいよあとはお札除去のみとなった。

誰もはがさないので結局、平岡さんが三段脚立によじ登り、お札に合掌をしてそっとはがそうとした。

しかし、まったくはがれない。

四隅まで糊がしっかり塗られていた。

しかたなく、クリーニング用の洗剤をかけて爪を立ててガリガリとはがした。

お札は汚く細かくなり、ビリビリと破けるようになってはがれた。

そして清掃は終了した。


それから一週間経つか経たないかのころ、平岡さんは仕事帰りに車で大事故に遭った。

横から車に突っ込まれ、平岡さんの車は前転と横転をし、進行方向と真逆を向いて止まった。

不思議なことに怪我はなく打撲のみ。

突っ込んできたおじさんだけが血まみれだった。

お札をはがすときに感じた嫌な予感が的中したのか。

はたまた逆に護られたのかわからない。

あのお札自体もなんのお札かさっぱりわからなかった。

しかし念がこもったものをビリビリに破るのはよくなかったのかもしれない。

# 一冊だけ

ミロさんは小さいころから怪談が好きで、実家にいた学生時代は、『新耳袋《しんみみぶくろ》』の文庫本が発売されるたび、順番に一冊ずつ購入していた。

十巻目をそろえればコンプリートだと意気揚々と書店に向かい、購入し、家に帰って本棚にしまおうとした瞬間、違和感があった。

『新耳袋』の一巻目だけがなぜかびしょびしょになって、カビが生えた状態になっていた。

取り出して見てみるとページも貼りつき、読めたものではない。

ほかの本は調べてもなんともない。

湿気が生じる場所でもない。

その本だけが水に濡れてずいぶん経った状態だ。

「あ、これはウチではそろえてはイケナイ本なのだな」

直感的にそう思い、その後、一冊欠けた『新耳袋』を全巻そろえることはなかった。

『新耳袋』自体にいわくがあるからなのか。

裏鬼門にあたる方角にある本棚に入れていたことが悪かったのか。

家を取り壊してしまったいまとなっては、不思議な体験だったなと思い返すのみである。

# 折《おり》符《ふ》

Wさんはある日とあるバーに行った。

たまたま隣に座った人が明日、日本を離れロンドンに行くと言う。

Wさんはたまたま和紙を持っていることを思い出し、安全を祈願して、身を護ったり良いことを招いたりする力を持つ「万能折符（龍神）」を折った。

それからというもの、Wさんは折符を欲しいという人に折ってあげている。

折符は日本に古くから伝わるもので、巫女が神様に捧げるために折っていたといわれ、折形や折り紙の原型とされている。

効果が続くのはだいたい三ヶ月くらいだという。

漂白されていない和紙が、一番効果があるといわれている。

「私が折っても効果があるか、半信半疑でしたが……」

Wさんから折符をもらった人には、病気が良くなったり幸運が訪れたりすることが多いそうだ。

「会社の要職に就いている人が倒れて、会社が大変なことになり、首を吊ろうか考えたけれど、超V字回復しました」

そんなことを言う人もいた。

折符はいろいろなことから身を護ってくれるようだ。

「紙＝神なのかもしれません」

Wさんは言う。

# 祖父の絵

Rさんの父と母が結婚を前提とするおつき合いをしていたころの話。

当時、二人は遠距離恋愛をしていて、父が草加にある母の家へ頻繁に通っていた。

あるときRさんの母の父が、借りていたアパートを無料で貸してくれるという話になり、父はそこに泊まることになった。

そのアパートは横に長い平屋で、裏手には一面に墓地が広がっていた。

「古い墓だな」

Rさんの父はそんな印象を受けながら室内へと入った。

それほど広くはない部屋の壁に、誰の趣味なのか、長い黒髪の女性の絵が描かれた掛け軸が飾ってあった。父はその女性を見たとき、とても美人に感じたと同時に薄気味悪さも覚えた。

しかしお金がなかった当時の父は、無料で寝泊まりできるありがたさに加えて、婚約者の父親の好意を無碍にもできず、そのまま数日借りることにした。

一日目の夜、部屋に布団を敷いて寝ていると、おかしな夢を見た。

現実と同じように夢のなかでも布団で寝ている父は、足元に何か気配を感じ、視線をやると黒く長い髪を垂らした白い和服の女性が立っている。

〝白い和服は死に装束だ〟

そう感じた父はそのあとすぐに気づいた。

〝掛け軸の女だ……〟

絵では美人に見えていた表情とは違い、どこか恐ろしいものに見えた。

女性はじっと父を見つめていたが、そのうちに父は深い眠りに落ちてしまった。

翌朝、目を覚ますと妙な夢を見たと思った。

「慣れない部屋で掛け軸の絵を見たから、影響されたんだろうな」

そう考えて、夢のことはすぐに忘れてしまった。

二日目の夜も同じように布団で寝ている父の足元に女性が立っている夢を見た。昨日と違うのは、女性だけではなく、ほかにも数人が父を囲むようにして立っている点だ。彼らは全員白い和服を着て、父の顔をのぞき込んでいる。

夢だと思っていてもそれは恐ろしく、女性を見ると、昨日と同じようにただ父を見つめている。

そこでまた父の夢の記憶は途絶えてしまった。

気持ち悪さを感じながらも、結局三日目もその部屋に泊まると、また同じ夢を見た。

同じように眠る父をのぞき込む人たちと、足元で父を見つめる女性の夢。

しかし、昨日よりもさらに囲んでいる人の数が増えている。

そしてこちらを見つめる女性の顔は、掛け軸や昨夜の夢とは明らかに違い、憎しみと怒りに満ちた般若のような表情をしていた。

両方の眉は釣り上がり、目をぎょろりとさせて口は歯を食いしばるようにして、父をじっと見下ろしていた。

目を覚ました父は、連日続く悪夢にさすがに気味が悪くなり疲れ果て、とても四日目の夜はここで眠れる気がしない、と予定よりも早く自宅に帰った。

もう何十年も前の話なので、そのアパートも掛け軸も、いまはどこに行ったのか不明だが、裏手に広がっていた墓地はRさんも見たことがある。

実際に体験はしたくない話だ。

# カレンダー

二十二、三年前に岐阜県高山市であった話だ。当時Ｙさんは彫金教室に通っていた。

休憩中に先生がほかの生徒に話をしていた。

「例のもの、やっとで手に入ったよ！」

Ｙさんも気になり聞いてみた。

「例のものってなんですか？」

それは高山市が市民に無料で配っているカレンダーとのこと。

月別に高山市の風景写真が印刷された、おばあちゃんの家に貼られてそうなダサいものだった。

〝そんなものが人気なのか？〟

正直、Ｙさんはそう思い先生に聞いてみた。

「それって何か特別なものなんですか？」

先生はある月の写真を見せてくれた。そこにはラベンダー畑（高山市清見町《きよみちょう》のウッドフォーラムという施設の向かい側にある）が映っている。

「何か気づかない？」

先生はニヤニヤしていた。しばらく見ていると、「ここ」と先生が指差した。

それはラベンダー畑の横の林の陰で、暗がりのなかに二つの男の顔が写っていた。

「心霊写真らしいよ」

先生は楽しそうに語る。

それがまたたく間に噂になってその年のカレンダーは入手困難になっていたそうだ。

Ｙさんはその写真が気になり、清見町に行ったときにいろいろな人に聞いて回った。

「あれ◯◯さんやわ、仲の良い兄弟だったんだけど弟さんが病気を苦にラベンダー畑の横の林で自死していて、それがショックだった兄も後を追うように自死したんだよ。林のなかの顔は二つあるからたぶん……」

そんな話を複数の人から聞いたという。

# 隠された紙

まことさんは数年前、出張買取の仕事をしていた。

その日はとても珍しく、買取ではなく遺品整理の依頼だった。

まことさんたちスタッフはいつも事前に依頼主から情報をもらうのだが、現場作業当日の朝礼で上司からこんな注意をされた。

「物件で見つかったものは依頼主に確認せず、返却もせずにすぐに処分するように」

〝特殊な伝言だな〟

まことさんはそう思いながら現場に向かった。

指定された住所に到着すると古い屋敷の前に大学生ぐらいの女性が立っていた。

〝この人が依頼主か。やけに若いな〟

打ち合わせをした結果、作業中は依頼主は立会わず外出してもらい、完了後に連絡することになった。

まことさんはいろいろ気になりつつも、夏の暑い日中の作業を早く終わらせるため、急ピッチで整理を進めた。

まずは四人で一階の片づけをした。

やっぱりというべきか、家の雰囲気が変だ。

階段や柱にお札のようなものが貼られている。それも一枚や二枚ではない。

異様な雰囲気を感じながら作業を進め、二階の片づけをしていたときだった。

たぶん依頼主のものと思われる女の子の部屋の壁に、ポスターが貼ってあった。

それをまことさんがはがした。

木目の壁だったが、明らかに四角く切り取られた跡がある。切り取られた上に木目柄の板が貼り付けられ、いかにも何かを隠しているように思われた。

まことさんは好奇心からその木目柄の板を外した。くり抜かれた暗い四角い壁の中をライトで照らした。

「何かある……」

壁には釘が打ちつけられ、その釘に大きめの巾着袋がぶら下がっていた。

ほかのスタッフに気づかれないように急いで中身を確認したら、もう何年も経っているのであろう錆びたカッターの刃三枚、毛髪、人型に切り抜いた和紙が出てきた。

〝うわ……これはやばい〟

そう思ったが巾着にはまだ何か入っている。中には一〇センチ×一五センチほどの長方形の木箱があった。木箱は薄く、ふたがあり、開くようだった。

恐る恐るふたを開けると白い布が敷かれている。その下に何かがある。

めくってみると数枚の紙だった。

紙は三枚あり、一枚一枚、まことさんは確認していった。

一枚目は依頼主の母の名、生年月日だろうか。そして二〇一二年〇月〇日とある。

二枚目は依頼主の父の名、生年月日だろうか。そして二〇一二年〇月〇日とある
三枚目、依頼主の祖母の名、生年月日だろうか。そして二〇二〇年〇月〇日とある。

「これはどういう意味で、何なんだろう?」

見ているうちに、隣の部屋からほかのスタッフが入ってきたので、まことさんは急

いで木箱ごとゴミ袋に入れた。
その後の作業中もずっと、そのことが頭から離れなかったがすべて無事に完了した。
打ち合わせ通り依頼主に連絡し、家の前まで来てもらい、少しお話をした。

お母さんとお父さんは早くに他界され、おばあさんは数ヶ月前に他界されたとのこと。おばあさんと依頼主が二人きりで、ずっとこの家で生活していたそうだ。

会社に戻って終礼後に上司がこんなことを話してくれた。

「なあ、あの家、変だっただろ？　どうやら熱心な宗教一家だったらしいよ。で、依頼主のご両親は二〇一二年ごろに二人とも急逝してしまって、おばあさんもつい数ヶ月前に急逝されたそうだ。でも依頼主の女の子、あんな笑顔で偉いよな。すごいわ」

では、あの木箱の紙に書いてあった日付は亡くなった日なのか。しかし、なぜ壁に隠すようなことをしていたのか？

まことさんはわけがわからないまま、あの日のことをたまに思い出すが、依頼主さんの明るい笑顔がいまも妙に気になるそうだ。

# 心理学の本

ナオキさんは台湾在住だ。台湾の風習や怪談に詳しく、ぼくの「あべこべ」という怪談を台湾で紹介してくれた。

これはナオキさんから聞いた台湾のお話だ。

ナオキさんの知人に李《リー》さんという女性がいる。

李さんには姉がいる。

お姉さんの趣味は読書で、社会人になっても地方の図書館に頻繁に行き、そこで興味が持てそうでまだ読んだことがない本を漁るのが好きだった。姉は本ばかり読んでいるわけではなく明るい性格で、友達と食事や旅行にもよく行っていた。

ある日、お姉さんは急に妹の李さんに電話をかけてきた。

「どうしたの？　急に電話して」

「……」

「大丈夫？　何かあった？」

「不安なの……」

「不安？　なんで？」

「何か……愛されてない感じが……」

姉はここまで言って、急に大号泣しはじめた。


もしかして彼氏にふられたんじゃないかと、李さんはがんばってお姉さんを慰めようとするが、話がなかなか噛み合わない。

お姉さんは急に「空間相対理論を考えている」「人体量子化にする方法」などとずっと言い続けて、何を言ってるのかわからず、李さんはもうわけがわからなくなった。

最後に姉から「自分は誰なのかもうわからない」というひと言を告げられ、電話を切られた。

さすがに心配になった李さんはすぐに折り返したが、姉は電話に出ようとしない。姉はつい二日前までSNSで一緒に世間話をしていたし、全然異常な感じではなかった。おかしくなるほどショック受けたのかと思いつつ、姉の親友にも聞いてみることにした。

「いや、この前、一緒にご飯に行ったばっかりで元気だったよ。なんで？」

「最近かなりイケメンな人といい感じになっているけど関係あるかな」

「来週プロポーズされるから、まさかストレスか？」

聞いたのは、ほぼプラスの話ばかりだった。病む理由などまったく見つからない。やむをえず母にお姉さんのことを伝え、病院に連れていったほうがいいんじゃないかと相談してみると、母からこんなことを言われた。

「お姉ちゃんがこの前どこかの図書館から心理学の本を借りてきて、読めば読むほど別人のように見えてきたのよ。家族のみんなに対して、まるで関係ない人間みたいな接し方をして、やってることも普段と全然違う。病院にも連れていった」

情報量が多すぎて、李さんは一瞬、頭がパニックになったが、とりあえず姉が異常になった原因と思われる本が気になった。

母を介して情報をもらったが、著者名や出版社名から調べてもわからない。どこの図書館で借りたのかも誰も知らなくて、本当に存在する本なのか謎のままだ。

その後、姉は一時期、行方不明になった。発見されて戻ってきたものの、家族や友達の思い出、昔の記憶はなく、まるで新しい人格を生きているようだった。

「そっくりさんじゃない？」

そんな気もしたが、調べてみると身分証明書も正しいものだった。

無理やり過去の記憶を思い出させようとすると、目の焦点が合わなくなり、マネキンのようにフリーズするという。

「もし、ご本人がこういう形を選んで実家から縁を切りたければ、それに従う以外はどうしようもないですね」

警察もそうとしか言えないようだった。

現在、李さんの姉は家族から離れ、別の地で生活している。姉が読んでからおかしなことを言い出したその「心理学の本」は謎のままだ。

# 卒業アルバム

十年ほど前の桜の季節。食卓で朝刊を読んでいたTさんの母が、訃報欄を指差した。

「この○○○○さんって、Tちゃんの高校の学年主任だった先生じゃない？」

名前の漢字も添えられていた町名も、六十代半ばという年齢からしても先生に間違いなさそうだった。その日の午後、ちょうど高校の同級生と会う予定があり、彼女にも先生の訃報を伝えた。

「そっか……」

友人は目を伏せたあと、笑いを押し殺したように言いだした。

「Tちゃん、卒業アルバムに○○先生から告白の言葉を書き込まれてたよね」

衝撃だった。友人は間違えて隣の席だったTさんの卒業アルバムを開いてしまい、見てはいけないものを見た気がして慌てて閉じ、いままで黙っていたそうだ。

Ｔさんはそんなことは知らなかった。

「え、覚えてないなんてことある!?」

友人は驚いていた。卒業アルバムなどあまり興味はなかったが一度は目を通したはずだ。しかしＴさんはまったく記憶にない。先生にアルバムを渡した覚えもない。

「まあ家に帰って見てみなよ」

そう言われ、友人と別れた。

その日の夜、アルバムを探しに書架のある屋根裏に梯子《はしご》をかけて上がった。

天窓から差し込む月の光で本が読めるくらい明るい夜だった。

卒業アルバムを見つけ、ケースから出して開いてみると、確かに奥付の余白部分に縦書きの見慣れた達筆で先生の文章があった。

よく見るといま散ったかのような青白い桜の花びらが五枚挟《はさ》まっていた。

驚いて手に取り、なぜそうしたのかわからないが唇に当ててみると冷たくしっとりしていた。ますます驚いてアルバムを床に置き、急いで電気をつけると桜の花びらは消えていた。Ｔさんは無性に悲しい気持ちになった。

# 旅館の掛け軸

京都にあるライブハウスＧＡＴＴＡＣＡで僕は定期的に怪談会をさせてもらっているのだが、さすがに京都だけあって上質な怪談が集まる。

というのも、店長の山田さんが怪談を仕入れて来てくれるからだ。

この話も山田さんが教えてくれた。

山田さんの友人にアコさんという女性がいる。

アコさんは、一泊十万円もするような、京都の有名老舗高級旅館で働いている。

ある日、アコさんは勤務中に体調を崩した。

すぐ家に帰るのもしんどいため、従業員が泊まる部屋でしばらく休ませてもらうことにした。

昔の旅館は住み込みの従業員も多く、その部屋は体調を崩したり感染症を患ったりした従業員を隔離しておくために使われた部屋だったらしいが、いまではあまり使うこともなくなっていた。

意識が朦朧としながら、部屋に入って布団を敷く。

床の間には古い黒電話があり、掛け軸が飾られていたが、室内を見る元気もなく、早々に布団の中に潜り込んだ。


どれくらい寝たのかわからないが、黒電話のけたたましいベルの音で目が覚める。

従業員が使う部屋なので、内線がつながっているのだろうか。

きっと私がここで寝ていることを知っている従業員が電話してきたのだろう。

心配させまいと、這って床の間まで行き、黒電話の受話器を取った。

「もしもし」

返事はない。

返事はないが、音が聞こえる。

〃ゴォォォ、ゴォォォ、ゴォォォ〃

風の音?

違う……。

その音を聞いて、頭のなかに浮かんだ映像は炎だった。

燃え盛る炎の音だ。

ふと顔を上げると床の間に飾られた掛け軸が見えた。

その絵は燃え盛る業火、焼かれる人々、血まみれの人、恐ろしい鬼が描かれた地獄絵だった。

掛け軸に見入っている間も受話器からは音が聞こえている。

どこにつながっているのだろう?

その古い黒電話の電話線はどこにもつながっていないのに。

# 旅館の掛け軸

# 旅先のノート

Aさんは十代のころ、野宿の旅をしていた。

日本のある地域に、歩いて旅をする人たちが集まる場所がある。

その地域には旅人が無料で泊まることができる施設が点在していて、疲れた身体を休めることができ、とても助けられた。

旅に出たAさんは、その夜に泊めさせてもらおうと考えていた施設に行ったところ、宿泊を断られてしまう。担当者に理由を聞いた。

「事情があって、清掃しています」

この言葉でAさんは何かを察した。

旅をしていると、道中で自らの命を絶つ人、死に場所を探して旅をしている人もいることを知る。

当時のＡさんも世間から逃れるように旅をし、いろいろなものを捨ててこの土地へ来たので、施設の人の言葉を聞いて「死に場所を見つけられたんだね」という気持ちになった。

しかし、泊まる場所がないのは困る。

いざとなればそこら辺の公園でも寝られるし、むしろ寝られない場所なんかない、地球は俺のベッドだという気持ちはあったが、やはり四方を壁に囲まれて、屋根がある場所だと落ち着いて寝られる。

屋根がない場所で眠ると、朝露で寝袋や服が濡れてしまうのも困る。

施設の人にほかに泊まれる場所がないか聞いてみると、歩いて十分くらいのところにあるバスの発着所近くに、旅人の宿泊用のプレハブ小屋があると教えてくれた。

ただ、そのプレハブ小屋は小さく、ひとりしか泊まれないとのことだった。

お礼を言ってその場を後にし、急いでプレハブ小屋へと向かった。

幸いなことにその日はプレハブ小屋に宿泊者はいなかった。

確かに、そのプレハブ小屋は小さかったがベッドがあった。久しぶりにベッドで寝られることがうれしかった。

ベッドの側の小さなテーブルには一冊のノートが置いてあり、泊まった人たちの文章が書かれている。

こういう施設に泊まると、ときどきノートがあって、それを読むのも旅の楽しみのひとつだった。旅に出た理由、楽しかったこと、辛かったことや、旅で役立つ情報も書いてあったりして、同じ道を歩む同志たちの軌跡に励まされることも多い。

そのノートのなかに目を引く一文があった。

それは震えた文字でこう書かれていた。

「ここ、幽霊が出ます。泊まらない方がいい」

正直なところ、Aさんは思った。

「おっ、当たりやな！」

いままでも幽霊が出る噂のある場所や心霊スポットに泊まると、Aさんの場合はなぜか熟睡できて、翌日はスッキリと目覚めることができた。その日はちょうど疲労がピークだったので、なおさらありがたかった。

食事の準備をしながらさらにノートを読み進めていった。

食事といっても、リュックの中で荷物に押しつぶされて薄くなった食パンに、チューブタイプのマーガリンを塗るだけだ。

簡素な食事も上質な読みものがあれば、いつもより美味しく感じる。

ノートを読んでいるうちに、あることに気がついた。

「幽霊が出る」という文章は、ほかの日付から推測すると約一ヶ月前に書かれたもので、それ以降、このノートに書かれた文章が激減している。おそらく「幽霊が出る」という文章を見た人が、ここに泊まるのをやめたからだろう。

しかしそのあとにもいくつか文章が書かれていて、そのなかには幽霊が出たことを示唆するものや、明らかにふざけて書いたものなどいろいろだった。

〝おもしろくなってきた！　パンが美味い！〟

Aさんはさらに楽しくなったが、疲れには勝てない。

久しぶりのベッドで疲れを癒やすため、早々に就寝の準備を始めた。

野宿の旅をして土の上で眠り、汚れたタオルを枕にしてきた身からすると、ちょっと硬いベッドや枕も、雲の上にいるような心地よさで、すぐに眠ってしまった。

どれくらい眠っていたのかはわからないが、身体を左右にゆすられるような感覚があり、目を覚ました。

プレハブ小屋が大きく揺れている。

〝地震だ！〟

とっさに外に逃げた。

しかしあたりは真っ暗で、ゆれは感じない。

一瞬だけの地震だったのか、とプレハブ小屋に戻り、確認してみると夜中の一時ごろ。まだ寝られる時間だ。

地震への恐怖はあったが、プレハブ小屋が壊れてもなんとかなるだろうと、いちおう靴などはすぐにつかめる場所に置いて眠ることにした。

朝の気配に目を覚ますと、身体が軽く、今日もいっぱい歩くぞと最高の気分だった。

外の空気を吸うためにプレハブ小屋を出た。村人が散歩をしていたので、あいさつをすると驚かれた。

「ここに泊まったの？」

話を聞くと、三ヶ月ほど前に、このプレハブ小屋で首を吊って亡くなった人がいたそうだ。

「昨日の夜中に地震がありましたよね？」

聞いてみたが地震はなかったという。

Aさんはこんな想像をした。

真っ暗なプレハブ小屋の中、旅人が縄で首をくくる。苦しさで暴れて、簡素な小屋がゆれた……？

Aさんの旅は続く。

この場所で命を終えてしまった人がいても、自分がそこに何かを残すことはできない。ただ、ノートに言葉を残した。

「めちゃくちゃ眠れました。ありがとうございます」

# 古本屋の話

横浜にナインブリックスという、オカルト・宗教・民俗学・ホラー中心の古書店がある。店主の橋本さんから過去にあった不思議な話を聞かせてもらった。

数年前から、半年に二回ほどのペースで来店する、五十歳ぐらいの男性のお客さんがいた。

その男性はオカルトにはまったく興味を示さず、歴史が好きで、来店したときは貴重な歴史書を何冊か買って帰る。

口数も少なく店内に入っても真っすぐに歴史のコーナーに行く。

常連といっていいのだが、ほぼ話したことはない。

　ある日、数ヶ月ぶりにその男性が来た。

　その日は歴史コーナーにはすぐに行かず、店の前のワゴンセール全品一〇〇円の文庫を熱心に見ている。

「珍しいな」

　橋本さんがそう思っていると、男性はそのまま何も持たずレジまで歩いてきた。

「あの……ちょっとね、あそこの……」

　そう言ってワゴンセールを指差す。

「あの中のね、白い文庫がありますよね」

「え、どれですかね」

　男性に導かれるまま橋本さんもワゴンセールの前まで来た。

「これです」

　ワゴンの中の白い文庫を指差した。橋本さんは文庫を手に取った。

　それは東野圭吾の小説だった。何ということはない、ただの文庫だ。

「これが何か？　レジで預かりましょうか？」

「いや、これ小説の中身が気になるんじゃなくて、あの……この本だけなんですが……よくないですよ」

「は？　どういう意味ですか？」

「これを店に置いておくのはよくないですよ。すぐに処分したほうがいいです」

男性はそう言って、その日は何も買わず帰っていった。

それ以来、彼は店に来なくなった。

そしていつの間にか白い文庫も消えていたという。

＊

これは橋本さんが買取に行ったときの話だ。

ある大学教授が亡くなった。

教授はひとり暮らしで、住んでいた一軒家は宗教と民俗学の貴重な蔵書であふれていた。遺族から依頼を受けて、橋本さんは本を引き取ることになった。

他人の生活感が漂うプライベート空間に入り込むのは少し気持ち悪く感じたが、仕事だからしかたがない。亡くなった教授が帰ってきそうな気配さえするその家で、夜遅くまで作業をしていた。

目ぼしいものは手に入り、橋本さんが帰ろうとしたとき、一階の和室の端にある手すりが気になった。

家の中にある手すりはここだけで、それが扉の前につけられているという奇妙な作りだ。手すりのせいでその扉は開かない。

手すりと扉のすき間がほぼないのである。

中にはスペースがあり、奥の部屋は台所である。

台所の一部を囲んでスペースを作っている。どう考えても、違和感があった。

橋本さんは中を見たくなったが、どうやってもその部屋に入れない。

手すりを外すしかないだろう。しかしその手すりは頑丈に取りつけられているので、道具がなければ外せなかった。

結局、橋本さんはあきらめて帰ることにした。

あの部屋はいったいなんだったんだろう。

よほど隠したいものがあったのか、いまでも不思議に感じるという。

# 紙が重い

雅子さんは小学二年生のころ、熊本県宇土市というところに住んでいた。

ある日、地域の子供会の親子遠足で轟水源に行った。

そこは冷たくて綺麗な水がどんどん湧いていて、夏の水遊びにうってつけの場所だった。

たっぷり水遊びをしてあきた子供たちが水源地の上へとどんどん走っていくのを見て、雅子さんも行ってみたくなった。

母に私も行きたいからついてきてと頼むと「やめておきなさい」と言われた。

しかし、どうしても行ってみたくて、嫌がる母を無理やり誘って上へと続く道をどんどん進んでいった。

近所の年上の友達二人と妹も一緒だった。

ようやく辿り着いた場所は墓地だった。

とても古いお墓がたくさんあり、夏なのにひんやりとして薄暗く、どこか違う世界に迷い込んだようだった。

そんなことはおかまいもなく楽しく走り回る子供たちを、なぜか母は急かした。

「ほら、何もないんだから早く帰ろう！」

どこかおびえた様子で母が何度も言うので、雅子さんは遊び足りなかったがしかたなく、もと来た道を戻った。

帰宅すると、母がいつになく元気がないように感じた。

何か母のようで母ではない気がした。

母かと思ったら、全然違う話し方や立ち居ふるまいをしたり表情も冷たかったりした。そのうち、母はそばにあったティッシュの箱の裏にすらすらと何かを書きはじめた。

のぞき込むと、それは髪の長い女の人だった。

着物姿の若く美しい女性を見て、妹が少し怖そうに聞いた。

「お姫さま？」

雅子さんはそれが生きている人間の絵ではないと理解した。

怖かったこともあり、その場を和ませたくて、

「綺麗な人だね」

と言ったと同時に、母の周りの空気だけがひんやりと感じられた。

母の手は震え、恐怖に青ざめ、涙がこぼれていた。

「なんでこんな絵を描いたのかわからん。勝手に手が動く」

母はティッシュ箱の周りをハサミで切り落とし、絵が描かれた底の部分だけを残した。

母はその絵が描かれたティッシュの底だけの紙を持ち、庭に出た。

いきなり焚《た》き火を始め、火を見つめたままじっと立っている。

手にはさっきの絵をしっかり持っている。

そして片手で持っていたものを両手で持ち、だんだんと腰が砕けるかのように座り込んでしまった。

「お母さん！　どうしたと？」

心配で駆け寄ると、母が泣きながら言う。

「気持ち悪いから燃やそうと思ったら、どんどん紙が重たくなって持ち上げられん」

ちょうど帰ってきた父が驚きながらも話を聞き、母の代わりに火に焚《く》べようとすると今度は父まで異変を感じる。

「うわあ！　重たか！　これはおかしかぞ！」

とうとう父は燃やすことをあきらめた。

すると紙の重さはもとの軽さに戻ったという。


これはちゃんとしたところで供養してもらおうということになった。

三角《みすみ》という地域にすごい力を持つといわれる霊媒師の「川田のおばあちゃん」がいたので、家族で出かけた。

川田のおばあちゃんがお経を読んでいる途中、なぜか雅子さんの頭のなかに「里子」という文字が浮かんだ。

〃あー……母が書いた絵の人の名前だ〃

雅子さんはなぜかそう思った。

それはあの水源地にあったたくさんのお墓のなかで、唯一目にして記憶に残っていた墓石に刻まれた名だった。

「細川家に関係した人で、若くして亡くなったようです。あなたがたくさんの子供を連れていたのを見てうらやましく思われたみたいね」

おばあちゃんはそう話してくれた。

その後、母は除霊してもらい、もとの母に戻った。

絵は川田のおばあちゃんに供養してもらうことになった。

# 星に光る薔薇の痣《あざ》

カコちゃんという、ときどき遊ぶ友達がいた。

ある日、カコちゃんと一緒に近所のお寺の参道にある羅漢像《らかんぞう》を見にいった。

「この神様が私に何かを伝えたがってる。私の腕にある〝星に光る薔薇の痣〟が反応してる、痣が……光って……」

「薔薇の痣が光ってるの？　見せて！」

私がそう言うと、カコちゃんは左腕の袖をめくり、ペンで描いたと思われる花の絵を見せてくれた。

残念ながらその薔薇の痣は光って見えなかった。

「光ってないよ」

そう言うと、カコちゃんは怒って帰ってしまった。

ちょっと神経質で変わり者のカコちゃんは、たまに遊ぶとそんな感じのオカルトワードを言ってくれた。

「カコちゃんは嘘つきだけど面白いな」

私はその後もカコちゃんと一緒にお寺や神社へ行き、遊んでいた。

カコちゃんの家は不思議な場所にあって、二又に分かれている道のちょうど真ん中、Y字路の角に建っていた。

庭の端には、二又に分かれる前の太い一本道「宿通り」を守るかのような、お地蔵さんが一体あった。そのお地蔵さんは対になっていて、西へ一キロほど行った場所にも一体、ちょうど向かい合うように置かれていた。

カコちゃんの家の庭にお地蔵さんがあることについて、子供のころは不思議には思っていなかった。かつて宿通りで子供が亡くなる交通事故が起き、もう二度とそんなことがないよう子供たちを守るために、お地蔵さんが置かれたと聞いていた。

宿通りには「藤谷さん」という、代々その土地に住む名家があった。先祖が庭で切腹して亡くなった、奥さんが井戸に身投げをして亡くなりあとから大量の髪の毛だけが引き上げられた、蔵に座敷牢があっていまでも誰かが監禁されてる、などいろいろないわくのある一族と噂されていた。

五歳ごろ、私は車のドアに指を挟んでしまったことがあった。

父と母が私を病院に連れていこうとしていたら、そこに藤谷家の当主が通りかかり、

「骨が折れているかも」

私の指に手をかざして治してくれる、という不思議なことがあった。

そんな藤谷さんの家には、よく奇声を発しながら歩いているおじさんが住んでいた。

近隣の人たちは「藤谷のおっちゃん」と呼んでいた。

藤谷のおっちゃんは、いつも川の向こうにある農園で畑仕事をしていた。

ある日、カコちゃんと数人の友達で遊んでいると、藤谷のおっちゃんが畑に何かをまいていることに気づいた。

みんなで見にいくと「まみし」と書かれた白い紙を何枚もまいていた。

「おっちゃん、これ何？」

カコちゃんはそう尋ねながら紙を拾った。

「ゔ～ゔ～ぐが～ぎゃぎゃ～!!」

藤谷のおっちゃんがいつになく恐ろしい奇声を発したので、怖くなってみんなで逃げた。

カコちゃんは拾った紙をそのまま持って帰ってきてしまった。

「怖いから藤谷のおっちゃんに返してきなよ」

私と友達が忠告すると、

「これは何かの呪文よ。夜中の二時に月明かりの下にこれを置くと私の星に光る薔薇の痣が何かを教えてくれるから」

カコちゃんはそう言ってそのまま紙を家に持ち帰ってしまった。

それから、カコちゃんは学校に来なくなった。

# 赤い紙

「紙一枚で人生が変わるってことってあるんですよ」

そう言いながら台湾在住のナオキさんは僕に一枚の赤い紙を見せてくれた。

台湾で赤い紙（赤い封筒）といえば「冥婚《めいこん》」が有名だ。

冥婚とは、生者と死者に分かれた者同士が行う結婚のことである。

台湾ではこの冥婚で使われる赤い封筒を道で見つけても、拾ってはいけないと言われている。拾ってしまったら最後、その様子を物陰に潜んで監視していた、亡くなった女性の親族が現れ、死者との結婚の儀が執り行われる。

ナオキさんの話は、赤い紙は共通しているが、内容は冥婚とまったく違うそうだ。

中国、香港、台湾などの中国語圏には「八字《パージー》」というものがある。日本だと「四柱推命」がそれに近い。

簡単に説明すると、生年月日と生まれた時刻により、その人がどういう生涯を送るか鑑定できる術である。

鑑定した結果は「命格《めいかく》」と呼ばれ、生まれてから死ぬまでどんなことに遭うか、どのぐらいのお金が稼げるかがわかるという。

それは決められた運命のようなもので、八字ではこれを「先天《せんてん》」と呼ぶ。いわば天（神と言ってもいい）に決められた、授けられたもので、中国語圏ではとてもポピュラーだ。子供が生まれたときは占い師に頼んで八字を調べ、縁起がいい赤色の紙に詳しく書いておくそうだ。

先天はすでに決められた運命ではあるが、これを変えられる、悪い運命をよくする方法がある。

それは「後天《こうてん》」と呼ばれ、「運勢」で人生を変えることを示すそうだ。

運命は「人が生まれた瞬間から、死ぬまでの決まった人生」。運命とは、人の意思によって変えることができないもの。

運勢は「その時々によって変化する人の運の良し悪し」。運勢は人の意思によって変えることができるとされている。そこが運命との大きな違いだ。

運勢をどう変えるかは開運鑑定の本を見ればわかる。あまりよくない運命が決められていても、ある種の精神安定剤になる。

しかし絶対に変えられない、いじってはいけない部分が八字にはある。それが先天だ。

この話は、陳《ちん》さんという五十代後半の台湾人男性に実際に起きた話だ。

陳さんは風水や占いなどにかなり興味がある人で、いつも自分の八字を持ち歩いていろんな占い師に鑑定してもらっていた。

しかしどの風水師、占い師に見てもらっても、先天が「貧しい命格」だと言われ続けた。お金が手に入らない運命なのだ。

陳さんはさすがに焦った。

「何か変える方法はないですか？」

「まあ……禁酒、禁煙、ムダな投資や金づかいはしないこと。これを守れば一生順調に過ごせますよ」

「いや、そうじゃなくて、出世して金持ちになれる方法はないですか?」

「それは無理ですね……」

こんな会話を何人もの占い師とくり返していた。

ある日、陳さんは占い師から初めて聞く言葉に飛びついた。

「あるのはあるんだがこれは大変危険なことですよ。あなたの寿命が削られてしまうよ?」

「全然かまいません。ぜひお願いしたい!」

その占い師が言う方法とは、つまり特殊な手段で先天を変えることだ。

具体的に何をしたのかは教えてもらえないが、陳さんは変えてはいけない先天を変えてしまった。

そして満足そうな顔で家に帰ったそうだ。

先天をいじった翌週、何の前兆もなく急に陳さんは会社で昇進した。

引き続き重要なクライアントもバンバン任せられて、給料も増えていった。

陳さんはそれだけではあき足らず、裏で糸を引いてクライアントの商談を成功させ、会社ではなく陳さん個人にキックバックが入るようにしてボロ儲けした。

半年も待たず、陳さんは金と地位をすべて手に入れた。

しかしそもそも陳さんは仕事ができるタイプではなかった。

急に出世し、金持ちになっていく陳さんを見て、同僚たちは不思議に思っていた。

そのあたりからだ。陳さんの様子がおかしくなっていく。

もとから人づき合いがよく、夜になると同僚や友人と飲みにいったり遊びに出かけたりしていたが、急に職場以外はどこにも行きたくないと家に引きこもるようになった。仕事が終わったあとに誰が言っても絶対に誘いに乗らないようになってしまう。


「おかしいなあ」

あまりにも陳さんが変わってしまったので心配になった友人のAさんは、陳さんの家を訪ねた。

家に行くと陳さんは普通に接してくれ、部屋に招き入れてくれた。

Aさんが陳さんの部屋に入ったとき、その異様さに気がついた。

まず部屋が異様に明るい。部屋中の電気をすべてつけており、それだけではなく、部屋の隅や廊下にもライトを複数設置している。使っていない部屋、トイレ、お風呂場などもすべて電気がつけっぱなしだ。

そしてAさんが一番違和感を覚えたのは、鏡やガラスなど自分の姿が映る場所はすべて黒い紙をガムテープで貼っていることだ。

大きな窓もカーテンが取り外され、黒い紙が貼られている。

「陳さん、これ……なんですか？　なんで部屋の鏡や窓を黒い紙でおおってるの？」

「いや……あの……」

「部屋の灯りを全部つけているし、暗いのが怖いんですか？」

「……信じてもらえるかな？」

「信じるよ。いったいどうしたの？　外も出歩かないし」

「以前の忘年会のこと覚えてますか？」

＊

少し前に会社で忘年会があった。陳さんは数人と喫煙所でタバコを吸いながら二次会はどこにするかと話をしていた。

そのときも陳さんは様子がおかしく、周囲をキョロキョロ見回して何かに追われている、監視されているようだった。そして陳さんは近くの公園の入口に、ずっとこちらを見ている人がいると言いだした。

「あっちに変な人いるよね」

「どこにですか？」

「向こうに公園があるでしょ？　入口に大きな柳の木があるでしょう？　その下に赤いチャイナ服の男がいる。ずっとこっちを見てるよ。みんな、見えないの？」

「……誰もいませんよ」

陳さんの顔がだんだんと青ざめていく。

それはAさん含めほかの人には何も見えず、陳さんにしか見えないようだった。風貌を聞くと赤いチャイナ服を着た男性で、顔はよくわからずモザイクをかけられたような感じだという。

陳さんは公園のほうを凝視し、ある瞬間、顔が引きつったようになり、

「いや、俺、たぶん酔ってるから、見間違いかも……」

と言って二次会に行かず、帰ってしまった。

心配になったAさんは後を追いかけた。

「陳さん大丈夫？」

陳さんは地面の一点を見つめたまま震えた声でしぼり出すように答えた。

「赤いチャイナ服の男を見た。それは……自分の顔だった」

「？」

公園の入口付近にいた赤いチャイナ服の男は、最初は顔がモザイクのようになっていてよく見えなかったが、徐々にモザイクが取れていった。モザイクがなくなったその男の顔は陳さん自身の顔だったという。

陳さんはそれ以来、視線や気配を感じてその方向を見ると、必ず赤いチャイナ服を着ている「自分」がいるとAさんに話してくれた。

「自分」は無表情で静かに立ち、ただ遠くからじっと陳さんを見つめているらしい。

最初は幻覚かと思い、精神科にも通った。薬も処方されて飲むようになった。

しかしあの「自分」の姿は消えない。

決定的だったのは、ある朝のことだった。

歯を磨こうと洗面台に向かい鏡を見た。

陳さんの背後に赤いチャイナ服の自分がいる。鏡越しに陳さんのことを無表情でずっと見ていた。

外では気配を感じることがあったが、とうとう家の中にまで入ってきた。

それ以来、部屋を明るくして、姿が映りそうな場所は黒い紙でおおい隠した。隠したことによって赤いチャイナ服の自分は見なくなったが、視線や気配は感じる。

「もう充分でしょう？」

誰もいない自分の部屋で、唐突に左耳から声が聞こえた。

抑揚も感情もない、ささやき声だ。

「欲を満たした？」

「そろそろ時間だ」

ささやきがずっと陳さんの左耳から聞こえる。

「とりあえずゆっくり休んでください」

陳さんの話を聞いて怖くなったAさんは、陳さんの家を後にした。

それからAさんは陳さんとは距離を置いた。陳さんも会社には来るが飲みにいくこともなく、仕事以外のことは誰ともしゃべらない。

その数ヶ月後、陳さんは会社の屋上から飛び降りた。

現場で見つかった遺書にはこう書いてあった

「ここまで寿命を削られるとは思わなかった、まだ生きたかった」

Aさんは陳さんの訃報を聞き、先天を変えた占い師を探しだそうとした。

調べるとその占い師はすでに仕事をやめて、どこに行ったかわからない。

近所で話を聞くと、その占い師は「やってはいけない」商売を受けたから、もう占いや風水などで生計を立てられなくなったらしいと言われた。

「幸い、あのとき金を取ってなくてよかった」

その占い師はやめる前にそう言っていたらしい。

陽曆：＿＿＿＿年＿＿＿＿月＿＿＿＿日＿＿＿＿時

陰曆：＿＿＿＿年＿＿＿＿月＿＿＿＿日＿＿＿＿時

件信箱：＿＿＿＿＿＿＿＿＿＿＿＿＿＿＿＿

運　以氣改運　運隨氣轉　～

姓名：

女陰　男陽

| 花／日 | | 苗／月 | | 根／年 | | |
|---|---|---|---|---|---|---|
| 日主 | | | | | | 十神 |
| | | | | | | 天干 |
| | | | | | | 地支 |
| | | | | | | 地支藏干 |

年

月

日

時

| 金 | 水 | 馬 | 花 | 庫 | 同 | 異 |
|---|---|---|---|---|---|---|
| | | | | | | |

身弱　身強

| | | | | | | | | |
|---|---|---|---|---|---|---|---|---|
| 未 | 申 | 甲 | 乙 | 丙 | 4 巽 | 坤 5 | 艮 | 乾 6 |
| | 酉 | 癸 | | 丁 | 3 震 | | 男 ↑ | 兌 7 |
| | 戌 | 壬 | | 戊 | 坤 2 | | 女 ↓ | 艮 8 |
| 子 | 亥 | 辛 | 庚 | 己 | 1 坎 | | | 9 離 |

姓名：

電話：

手機：

事由：

〜　以

大運

| | | | | |
|---|---|---|---|---|
| | | | | |
| | | | | |
| | | | | |

| | | | | |
|---|---|---|---|---|
| | | | | |
| | | | | |
| | | | | |

流年

| | | | | |
|---|---|---|---|---|
| | | | | |
| | | | | |
| | | | | |

| | | | | |
|---|---|---|---|---|
| | | | | |
| | | | | |
| | | | | |

| 業/時 |
|---|
| |
| |
| |

| | | |
|---|---|---|
| | | |
| | | |

| 木 | 火 |
|---|---|
| | |

| | |
|---|---|
| 巳 | 午 |
| 辰 | |
| 卯 | |
| 寅 | 丑 |

# 紙の神様

オフィスなどにある大きい複合機のメーカーの人から聞いた話だ。

ある企業から「プリントした紙が汚れる」と電話があった。

複合機は新品で購入するとても高額であるため、だいたいの企業は保守契約つきのリースで利用している。複合機に搭載されているレーザープリンターは、トナーという粉を紙に吹きつけて熱を利用して印字するため、プリンター内の汚れを定期的に清掃する必要がある。

リース中の企業から問い合わせがあると、まず状況を質問するのが基本だ。

「印刷はできますか？」

「できます」

「紙は出てきますか？」

「出てきます」

「紙の端などは汚れていますか？」

「紙の全体に色がつくんです」

とにかく来てほしいと言われたので、明日行きますと回答した。


翌日、オフィスに訪れたものの、トナーにもエラー信号は出ておらずプリンターの異常は何もなかった。

試しにプリントしてもらうと、両面とも薄いピンク色になっていた。

文字のズレやインク写りも見受けられなかったため、ピンク色の紙に問題なくプリントされているようだった。

「すみません、汚れとはどれを指しているのでしょうか」

「どこのことって、トレイを開けて見てみてください」

コピー用紙が格納されている複合機のトレイを開けると、入っていた紙はすべて真っ白だった。

つまり真っ白な紙を印刷したら薄いピンク色になって出てきたということだ。

しかも両面だ。

確かにカラープリンターは黒、黄、青、そして赤紫色の濃いピンク（マゼンタ）のトナーを使うので、紙の片面全体に色がつくことはある。

しかし両面というのはどうも説明がつかない。

結局、複合機の本体ごと変えてほしいというリクエスト通りに新しい機器を納品することになった。しかし新しい機器でも印刷される紙はすべて薄いピンク色に染まった。その現象は変わらなかった。

これはもう機器の問題ではない。

どうすることもできず、社内で検討した結果、近隣の神社でお祓いをうけることにしたという。

なぜそのような結論に至ったのか。複合機メーカーの彼は、その会社に昔からある噂が原因なのかもしれないと推測した。社屋がある場所は古戦場跡で、社内では以前から幽霊に関する目撃談も多かったそうだ。

しかし近隣の神社のお祓いは期待も虚しく効果がなかった。

次に社内の誰かが提案したのか、紙に関することなので関連する神社ではないと効き目がないということになり、みんなで紙の神社を探した。

日本で唯一、紙の神様がいるのは岡太《おかもと》神社・大瀧神社だ。それは福井県にあった。

その神社には、地元の人々に紙漉きの技術を伝えたといわれる女性の紙の神様、川《かわ》上《かみ》御前《ごぜん》が祀られ、「紙づくりの聖地」といわれる場所だった。

その神社で祈禱を受けたところ、プリントされる紙はすべて真っ白になったそうだ。

# 紙と黒い影

大阪市平野区に大念佛寺《だいねんぶつじ》というお寺がある。融通念仏宗の総本山の寺院だ。

歴史は古く開宗は平安末期ともいわれる。

本堂は大阪府内で最大の木造建築だ。

注目すべきは境内にある幽霊博物館で、毎年八月の第四日曜日午前十時から午後四時までの間、一年に一日だけ公開される。

館内には出産時に他界した怨霊を描いた「姑獲鳥図《うぶめのず》」や壇ノ浦に滅んだ平家の亡霊「平知盛亡霊図《たいらのとももりぼうれいのず》」など、幽霊を描いた十二の掛け軸、幽霊が残していったと伝えられる片袖などが展示される。

最近では怪談イベントも合わせて開催され、僕の知り合いの怪談師も出演している。

二十年以上前、藤井さんはこの幽霊博物館を見にいった。

館内はいかにもお化けの出そうな音楽が、ヒュードロドロドロと流れていて演出も完璧だ。

お客であふれているなか、藤井さんは一枚の幽霊画の前でなぜか足が止まった。

魅入られるように目が離せなくなり、どうしてもその絵を撮りたくなった。

もちろん撮影は禁止だ。

しかし気がつくとカバンからカメラを取り出しシャッターを切っていた。

館内は薄暗く、当時はフィルム式のカメラだったので、シャッターを押すと同時にフラッシュが光ってしまった。

当然、藤井さんは警備員にバレてこっぴどく怒られた。藤井さんは謝罪をして、その場にいづらくなり慌てて館内を後にした。

その後、家に帰ってからフィルムを没収されてないことに改めて気づいた。

つまり現像に出せば、あの幽霊画をもう一度見られる。

一年に一回しか見られない幽霊画がいつでも見れることに藤井さんは歓喜した。

フィルムを現像所に出し、興奮を抑えながらしあがった写真を確認した。

現像されたのは、いわゆる日の丸構図と呼ばれる、中央に主役を配置して撮影した「幽霊の掛け軸」の写真で、よくある白い着物を着て両手首を下げて「恨めしや～」という幽霊が横向きになった絵の掛け軸が映っていた。

しかし何か変だ。

「恨めしや～」のままの形で黒い影となり、掛け軸の手前側にもうひとつ飛び出したように何かが浮き出ている。

フラッシュの影なのか。いや違う。絵の幽霊の前に、同じの幽霊の形で黒い影がハッキリと飛び出している。

こんなにハッキリと心霊写真が撮れたのは初めてだった。

興奮の気持ちはいっきに冷めて写真を撮ったことを深く後悔した。

「これを持っているのはよくない」

藤井さんはそう思い、その場ですぐに破り捨てた。

後日、怪談仲間であるT先輩にその話をした。

T先輩は怪談を収集しながら塾を経営しているお金持ちで、オカルトの知識も豊富な人だ。

「ぜひ、僕にください」

そう言われて藤井さんはネガを送った。

T先輩はとても喜んでいた。

T先輩が写真を手に入れてしばらく経ったころだ。

彼が経営していた塾が倒産したという噂を耳にした。そして高級マンションから市営住宅に引っ越した。

藤井さんはあの写真を持っていなくて本当によかったと思った。

総本山

# 死体写真と封筒

「ちょっと変なものが入ったから関西に来るとき、お店に寄って」

懇意にしている骨董品屋さんからいつものように連絡が入った。

僕は電話ではできるだけ内容を聞かないようにしている。店を訪れたときの楽しみが減るからだ。

「わかりました。来週ぐらいにおうかがいします」

関西で仕事の予定があったので、そのあとに店に寄る段取りをした。

翌週、関西での仕事を夕方に終え、その足で骨董品屋に向かった。

「すみません。田中です」

「おー、先生よく来たね」

このお店には長く通っているため、何かいわくつきのものがあれば連絡をくれる。

「ちょっと待ってね」

店主はそう言い奥へ下がった。店のソファに腰かけていると、奥から店主がＡ３サイズほどの臙脂色をした箱を手に持って現れた。

「これなのよ。中身見る？」

店主は上目づかいで聞いてくる。

「もちろん見せてください」

二つ返事でその箱を手に取ってワクワクしながら上ぶたを開けた。

すると中から古びた風呂敷に包まれた何かが出てきた。

風呂敷を広げ、中を確認した。それは古い写真の束だった。

「昭和初期ぐらいのもんかな。それ全部殺人事件の被害者」

店主が言った通りだった。

何十枚、いや何百枚あるのではないかと思われる無数の「死体」「死体」「死体」の写真。

それらは老若男女関係なかった。

心苦しいのは子供の写真も多数あったことだ。

写真は一枚一枚ていねいに、アルバムの台紙のようなものにセットされていた。

いや、たぶん、これらはアルバムに綴じられていたものを、ページごとにバラバラにしたのだろう。写真の四隅が台紙に挟まれている。

そして一枚一枚に、殺人現場の住所や特徴などが鉛筆で走り書きされていた。

集中して写真をまじまじと見ている僕に店主は言った。

「これね、初出《うぶだ》しでね。あるお宅からほかのものも合わせてごっそり買い取ったのよ。その中に入ってたんだよね。でもね……」

初出しとは一般の家庭から初めて買い取られる、骨董品や道具のことだ。まだ人目にさらされてないからそのように呼ばれているのだろう。

店主の話の続きはこうだ。

ごっそり買い取ったものを店の奥に置いて、後ほど中身を確認しようと店主は思っていた。

そこへ仲の良い常連さんがやって来た。

　ソファに座って談笑していたのだが、その常連さんが話している最中も怪訝《けげん》な表情をする。

　店主はそれが気になり聞いてみた。

「さっきからどうしたのよ、険しい顔して」

「いやあ、あの……」

　常連客は店の奥を指差した。

「奥に誰かいますか？　ずっと、うめき声がするんですが……誰かいますよね」

「いや、今日は私ひとりだよ。奥は誰もいないけど、どこから声がするのよ？」

　常連客は立ち上がり奥をのぞき込んだ。

「あの荷物のかたまりの中からするんです。ああ、あの箱ですね、臙脂《えんじ》色の。あれ、よくないですよ」

　そう言って常連客は話を切り上げ、そそくさと帰って行った。

「それで気になって箱の中身を確認したらこれだったのよ。そら、あんた、うめき声もするわなあ。ああ、怖い怖い。あんた好きでしょ？　こういうの。ちゃんと持って帰ってよ」

そう言って店主はニヤっと笑った。

僕は帰りの新幹線で周りに人がいないことを確認し、改めて箱の中身の写真を調べた。すき間なくすべて死体写真。

それも殺人事件らしい。

私はすべてのページを見終わった。片づけようと思っていると、箱の底に一枚の封筒を見つけた。

その宛名には「〇〇警察署」と書かれていた。

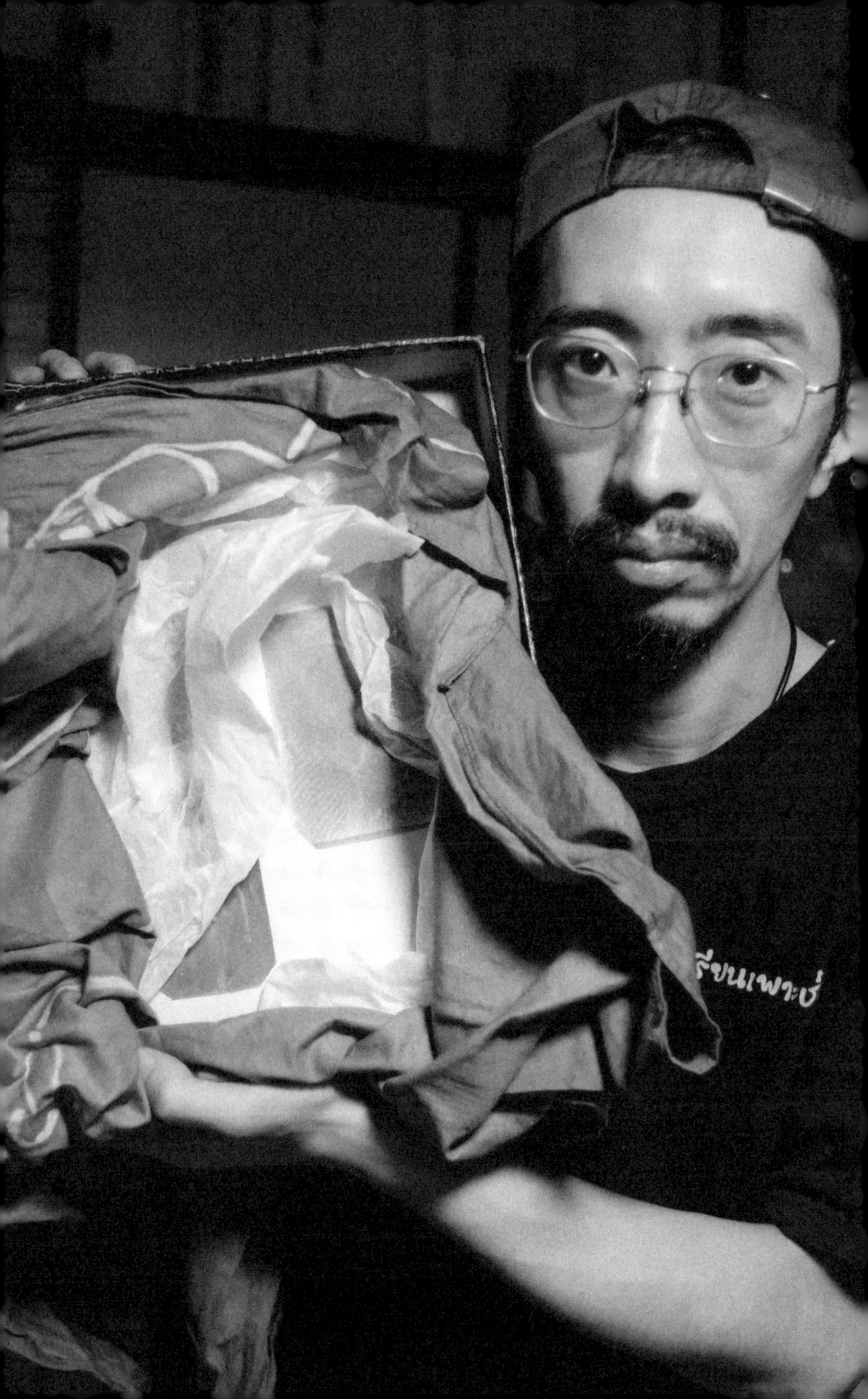
รียนเพาะช่

# 書肆《しょし》ゲンシシャ

九州大分の別府に書肆ゲンシシャと言う古書店がある。

本だけでなく世界中の珍奇なものをコレクションしている。

店内の古書や骨董品、そのほか貴重な品々には、コレクターの端くれである僕も涎《よだれ》が出る。


これは店主の藤井さんから聞いた話だ。


ある日、熊本からひとりの女性が店に訪ねてきた。

四十代ぐらいで身なりからもお金持ちというのがわかる。

話してみると彼女は自分のことを魔女だという。

実際に占いなどもやっていて、そのクライアントのなかには熊本の政治家もいるそうだ。

「どこでゲンシシャを知ってくれたのですか？」

藤井さんがそう尋ねると、彼女はドバイにバカンスに行ったとき、スマホで見ていたＳＮＳのタイムラインに流れてきたと言う。そして興味を持ち、熊本からやって来たらしい。


ゲンシシャにある世界中の骨董品のなかで、彼女の目に留まったものがあった。

それはイギリスの「モーニングジュエリー」といわれる指輪だ。

指輪は開くことができ、そこに遺髪が入っていたりする。

ゲンシシャにあったものは金の指輪で遺髪入り。

価格は十万円ほどだった。

決して安くはない値段なのだが彼女は即決で購入した。

財布の中には万札が一〇〇枚ぐらい入っていた。

それから一ヶ月後、その女性がまたやって来た。

彼女の手を見ると、前回来たときに購入した金の指輪をつけていた。

「あ、その指輪してるんですね」

そう言うと彼女は金の指輪を藤井さんの顔に近づけて、遺髪が入っている中身を見せてくれた。

しかし、そこには遺髪ではなく誰かの遺骨が入っていた。

遺髪はどこに行ったのか。

入れ替わった遺骨は誰のものなのか謎のままである。


こんなこともあった。

藤井さんは二〇一八年に東京の画廊で、ある絵画を購入した。

その絵の画家は女性で、自分自身を投影した作品が彼女の特徴だった。

藤井さんが購入した絵はその画家が多形紅斑《たけいこうはん》という病気にかかったときに描いた絵だった。

多形紅斑とは、薬剤や微生物などに対する免疫反応がきっかけになり、皮膚に赤い斑点が現れる病気だ。

純真で真っすぐに見つめる目が特徴的な絵の中の女性。

女性の首元には多数の赤い斑点が見られる。

藤井さんは別府に帰り、絵の到着を待った。

画廊から絵が送られてくると開封して店に飾った。

不思議なことにその数日後、藤井さんの肌に赤い斑点が現れた。病院で診察を受けると多形紅斑だと言われた。

皮膚科に通い一ヶ月ほどで無事に病気は治った。

見ただけで体にも影響が出るとは、よほどの念がこもっているのだろうか？

それほどまでに神秘的な絵なのだろう。

この絵のシリーズは藤井さんが持っているほかにあと二枚存在する。

それらを購入した人たちはどうなっているのだろうか？

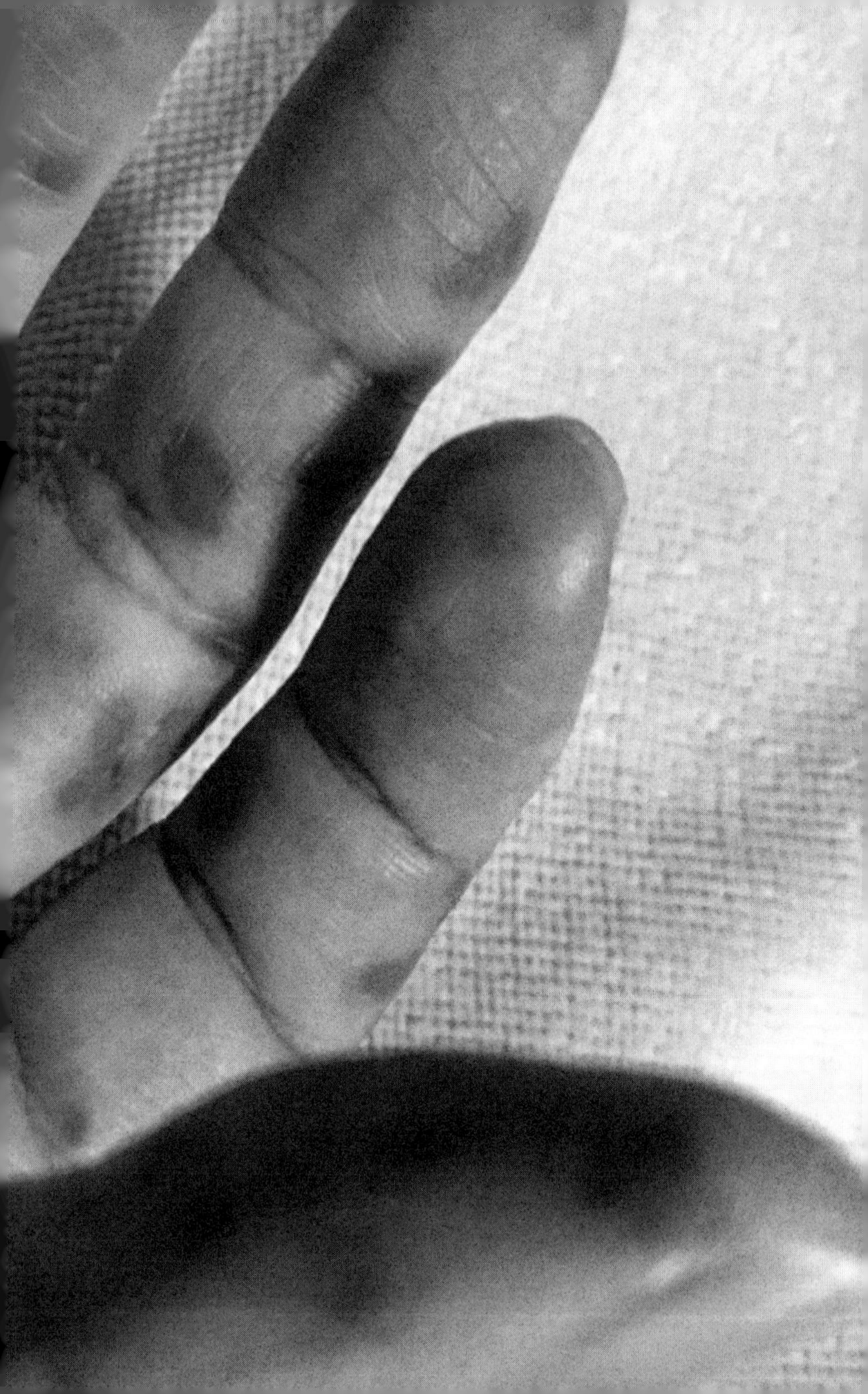

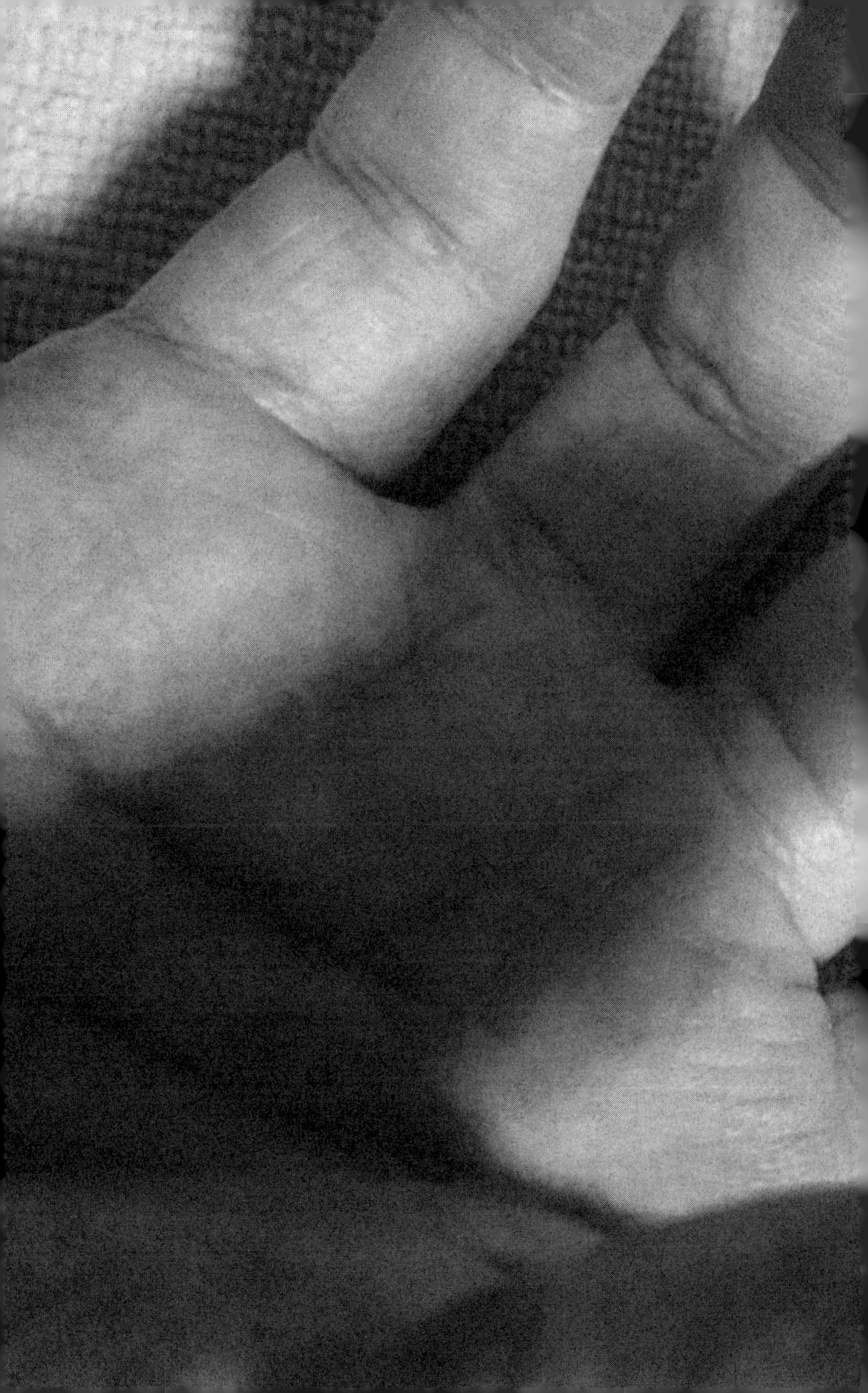

# 血の桶で頭を洗う女

Oさんの母は今年で八十一歳になる。

母の田舎は長野県の曹洞宗のお寺だ。

母の祖父、つまりOさんの曽祖父はお寺の住職で、横浜の曹洞宗系私立大学の鶴見女子大設立に深く関わっていたらしく、母には「鶴見女子大に行きたかったら相談に乗るぞ」と言っていたそうだ。

また、母の祖父は交友関係も広く、明治の軍人、乃《の》木《ぎ》希典《まれすけ》など著名人の友人も多かったという。

そんなこともあってか、お寺にはいろいろな奉納品やいわくがあるものが持ち込まれていたそうだ。

Oさんの祖母が結婚を機に長野から横浜に移り住んだ際、本当はいけないことなのだが、

「これを持っていけ」

曽祖母からそう言われ、奉納品のなかから三本の掛け軸を預かった。

そのうちの一本に、江戸時代の有名な絵師である円山応挙《まるやまおうきょ》が描いたとされるものがあった。

「これだけで家が一軒立つ」

そういわれている価値の高い絵だ。

祖母は「これは円山応挙の絵だから」とたいそう喜んで床の間に飾っていた。


しかし母はこの絵が気持ち悪くてしかたがなかった。

「背景も何もない。白装束を着た女性がしゃがんで、頭を血の桶で洗っている」

そんな絵だったからだ。

桶の中の血の色もドス黒く、まるで本当の人の血を使ったように思えるほどだった。

「飾るのをやめてほしい」

母が頼んでも、祖母は「これは円山応挙だから」と言って喜んで飾っている。

絵を見なくても、家にあるというだけで帰りたくないと思うほど母はその絵が嫌だった。


Ｏさんの母が小学生のときだ。

家が火事で全焼した。

火元を調べると絵が飾ってある床の間からだった。

床の間から火が出る原因は特になかったが、後に調べたところ床の間の一部が集中的に燃えていたそうだ。

そこはあの絵を飾っていた場所だった。


時が経ち、母は結婚してＯさんと妹が生まれる。

Ｏさんが家を出るまで家族で住んだ家は、全焼した家の跡に建てたものだった。

二階建ての一軒家で、Ｏさんと妹の部屋は二階にあった。

階段を上って左に行くと、手前から仏間、妹の部屋、Ｏさんの部屋がつながり、各部屋が襖で仕切られている。

だからＯさんが一階に降りるには妹の部屋と仏間を通らなければならない。

Ｏさんが二十歳のころ、夜遅くまで勉強し、トイレへ行くために一階に降りようとして、自分と妹の部屋を仕切る襖を開けた。

妹の頭はＯさん側、足元が奥にある。

その妹の足元に白い着物を着た女が浮いていた。

女は両手を前にぶらぶらさせた状態で、髪がすべて前に垂れ下がっていたので顔は見えなかった。

ただ、髪の毛がびしょ濡れだということはすぐにわかった。

頭はほぼ天井についている。床には白い着物が垂れ下がっていた。

よく考えたら浮いていたのではなく、めちゃくちゃでかい女、身長一八〇センチ以上あったのかもしれない。

Ｏさんは我に返り襖を閉めた。

「なんだいまのは……」

深呼吸をしてもう一度襖を開けると、女は消えていた。

「気のせいだ」

Oさんは自分に言い聞かせ、トイレに行って自室に戻った。

「あんた見たよね！」

翌朝、妹から言われた。妹はOさんが襖を開けたとき、起きていたという。

だが体は動かせなかった。

そのまま女が消えるまでの間、生きた心地がしなかったそうだ。

妹もまったく同じ女が見えていて、その間、言葉にならない低い声がずっと聞こえていたと言っていた。

Oさんたちの話を聞いていた母が何かに気づいたかのように、「あの絵」の話を語ってくれた。

全焼した家の火元になった床の間。

あの絵が飾ってあった部屋は、ちょうど妹の部屋の真下だった。

# カルテと診察券

佳代さんは関西のクリニックに勤める看護師だ。

朝の診察は八時から昼十二時まで、夜の診察は夕方四時から夜七時まで、忙しく働いていた。

佳代さんが出勤するとすでに患者が五、六人は並んでいる。

それぐらい人気のクリニックだ。

受付で先着順に名前を用紙に書いてもらい、診察券を預かる。

その間に佳代さんたち看護師は着替えて準備をする。

着替えが終わったら佳代さんは受付に行き、名前と診察券を確認してカルテを取りだす。そして順番に名前を呼ぶ。

そのなかに常連のおばあさん、中尾さんがいた。

「あ、また中尾さん来てはるわ」

佳代さんはそう思いながら名前を呼んだ。

「中尾さーん」

名前を呼んでも中尾さんは診察室に入ってこない。

そんなときは次の患者さんを呼ぶ。

そして少し経ってからまた名前を呼んでみる。

「中尾さーん」

しかし、そのときも中尾さんはその場にいなかったようで、姿を現さなかった。

結局、中尾さんは朝の診察には来なかった。

これはたまにあることで、受付に名前だけ書いておいて、患者さんがほかのクリニックに行くことがあるのだ。

クリニックのハシゴと佳代さんは呼んでいた。

その日に受診をすべて済ませようと、内科、整形外科などを何軒か回るのだ。

中尾さんも夕方には顔を出すだろうと同僚と話しながら、佳代さんは午前診察の名前の紙を捨てた。

しかしその日、中尾さんは午後の診察にも現れなかった。


その日から二週間後、クリニックに四十代の女性が来た。

その女性は診察室で先生にあいさつした。

「どうも、いつも母がお世話になっております」

話を聞いてみると常連の中尾さんの娘さんだという。

結婚していて苗字は違うものだった。

「ああ、そうですか、最近、中尾さん来てないようですがお元気ですか？」

先生がそう聞くと娘さんは答えた。

「先日、母が亡くなりまして」

佳代さんを含めた看護師たちはびっくりした。中尾さんは確かに高齢だったが、残念だなと思った。

自分が診ていた患者さんだったので、先生は原因が知りたくなったのだろう、娘さんに質問した。

「いつごろですか？　どのような症状で、どこで亡くなられましたか？」

クリニックからほど近い病院で心不全だったという。

亡くなったのはちょうど一ヶ月前だと娘さんが教えてくれた。

〝あれ？〟

それを聞いて佳代さんは不思議に思った。

二週間前に佳代さんは受付で中尾さんの名前を呼んだ記憶がある。

その日は確か、結局来なかったが……。

名前を書いた紙は捨ててしまったし、証拠はない。

するとほかの看護師たちも言いだした。

「いや、やっぱり二週間前に中尾さん来てるはず。お名前書いてたはずだし見た覚えがあるもん」

「それに…」

受付の看護師が中尾さんの診察券を取りだした。

それは中尾さんのカルテに挟まっていたらしい。

みんなはそれを見て、やはり二週間前に中尾さんがクリニックに来ていたことを確信した。

「こんなよく聞く話みたいなのって本当にあるんだね。亡くなってからも診察を受けに来てたんだ」

佳代さんと看護師たちはそう言いながら、娘さんにはさすがにそのことは言えなかった。

「これがお母様がお亡くなりになる前に預かっていた診察券です」

そう伝えて返却した。

# カルテと診察券

# まん丸のカチカチ

沖縄に残るアメリカ文化の名残に影響を受け、戦後アメリカのホラー、ＳＦ映画やアメコミの世界観を感じさせるイメージを作り出す注目の画家、我喜屋《がきや》位瑳務《いさむ》さんが高校生のときに体験した話だ。

当時、沖縄市に住んでいた我喜屋さんは恋人の家に入り浸っていた。朝から晩まで恋人の家にいて、夜になると自宅に帰るという心地よい日々を過ごしていた。

ある日、恋人が怖い体験をしたと話して聞かせてくれた。

いつも我喜屋さんが帰るとき、恋人は家から大通りまで一緒に歩いて見送ってくれるのだが、その日は別れたあとに道を引き返していると、我喜屋さんと一緒にいたときには気がつかなかった、気になるものを目にしたという。

恋人の家から大通りまでは約一〇〇メートル。

その道の途中に車の修理工場がある。

工場の敷地からはみ出して、道の脇にぼろぼろの車が停まっていた。

車種は茶色のシビック。修理待ちなのか解体するのかはわからないが、工場の敷地の外に車が停まっていることはときどきあった。

車が止まっているだけなら気にはならなかっただろう。

しかし、その廃車のようなシビックには車内灯がついていた。

真っ暗な道で、煌々と灯りがついている車は目立つ。

先ほどは気がつかなかったことを不思議に思いつつ、恋人がそのシビックを横目に通り過ぎたとき、車内に人影があることに気がついた。

車内をのぞくと、運転席に座る人物が車内灯に照らされて、はっきりと見えた。

それは、本来の人の顔より明らかに大きく、そして丸い。

まん丸という表現がぴったりなほどに丸い顔。そして、目も丸い。

口は頬まで裂けており、その口からは歯が見えた。

まるで笑っているようだった。

それは、こちらのことは見ずに口を動かしていた。

音は聞こえないが、歯をカチカチ、カチカチと噛み合わせているかのように裂けた口を動かしている。

恋人は怖くなって、その場から逃げ出したそうだ。


その話を聞いて、当時から怪談やホラー作品が好きだった我喜屋さんはテンションが上がった。恋人に、そのシビックを見にいくことを提案したが断られた。

しつこく誘うと泣かれてしまい、その日から帰り道の見送りはなくなった。

ひとりで歩く帰り道、シビックはあったが、車内灯はついておらず、車内にも人影はなかった。


それから数日後のこと。

帰り道の真ん中にシビックが停まっっていた。

まるで、こちらの進行をふさぐかのように。

恐る恐る、車の横を通りすぎた瞬間、真っ暗な車内から声が聞こえた。

それは、叫び声だった。

ひとりや二人の叫び声ではなく、何人もの人間が悲痛な叫び声をあげている。

そして、真っ暗な車内から叫び声とともに窓が叩かれる音も聞こえる。

車内には人の気配はないが、確かに叫び声や暴れるような音が聞こえた。

我喜屋さんは、恋人の家に引き返して震えながら朝を待った。

その後も何度かシビックを見たが、車内灯はついておらず、道の真ん中にもなく、いつの間にかシビックを見かけることもなくなった。

恋人が見た存在と、我喜屋さんが体験したことが関係するかはわからない。

しかし、同じ車を見て体験した怪異である。

当時、この話を聞いた我喜屋さんは、恋人の話をもとに車内にいた何物かを絵に描いた。その絵はすでに紛失してしまったが、当時を思い出して、新たにモンタージュを描いてくれた。

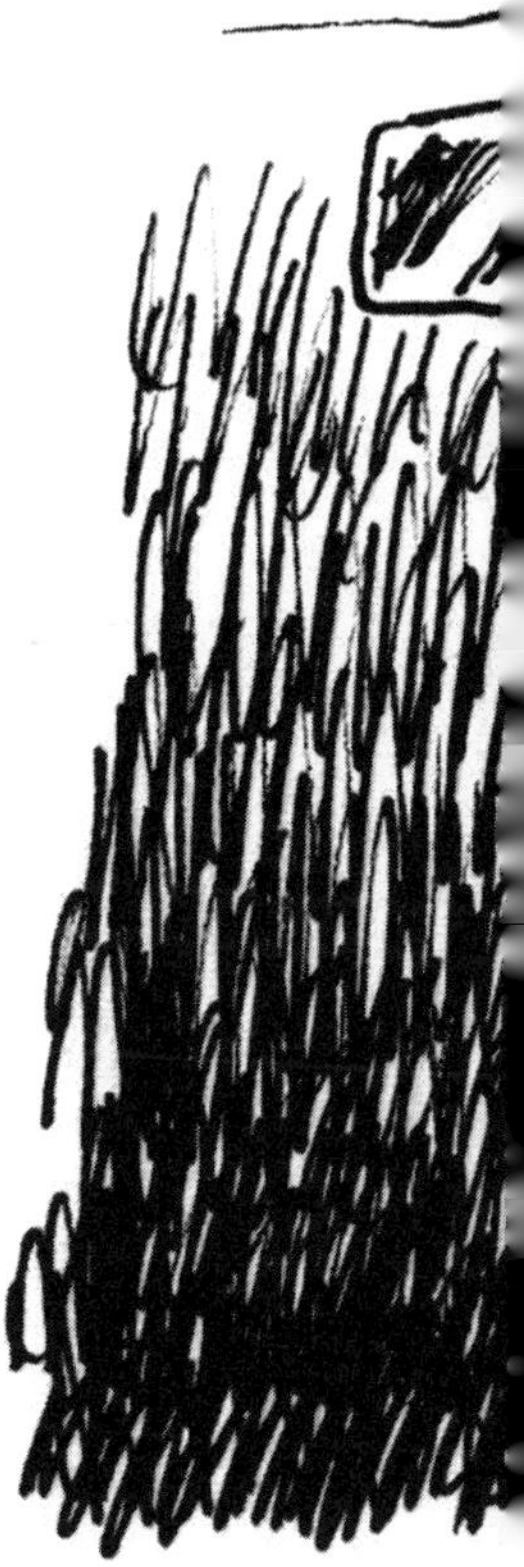

# 読まれない手紙

遺書とは、死を覚悟した人が残す手紙である。

それは世間に向けた言葉だったり、個人に宛てたものだったり、自分自身のことだったり、感謝の気持ちや恨み節、死を覚悟して戦地に向かう人のものもある。

古いものから新しいものまで、いつの間にか僕の手元には遺書が集まっていた。

骨董品屋などで呪物やいわくつきのものを集めていると、たまに遺書をもらうことがある。

誰もいなくなった一軒家から骨董や家具など一式を買い取ったなかに、遺書がまぎれ込んだりしているからだ。

そうなった遺書は行き場所をなくし、捨てられるしかない。

最初は興味がなかったが、気がつくと僕は自ら遺書を探すようになっていた。

遺書を書くということは死を覚悟することであり、それを冷静に見つめることのように思う。

死を覚悟するということは異常なことだ。それでいて、その思いを文字に残すのはある意味、冷静な状態とも言える。

異常な上に冷静。それは狂気とも言えるかもしれない。

そして、そんな状態でありながらも紙に文字を残すということは、この世に相当な未練があるのではないか。

死ぬ覚悟を持った人が、中途半端な気持ちで何かを書くわけがないと思う。

誰かの人生最後の言葉、まったく僕とは関係がない人間の物語の最後を見る行為を、変だと思う人もいるかもしれない。不謹慎ではある。しかし行き場所を失った最後の言葉が誰にも見つからず捨てられていくのは悲しいと思う。

誰にも届かない手紙がめぐりめぐって僕のところに来る。

勝手にではあるが不思議な縁を感じている。呪物とはまた違う、僕を惹きつける何かが遺書にはある。

特に僕のところに集まってくる遺書は誰にも読まれていない、誰にも見つけられなかった遺書が多い。封筒は糊づけされていて、開けられていない。

そのなかに、いまでもどうしても開けられない遺書がある。

それは関西のある一軒家から見つかったものだ。その家の妻は首を吊って亡くなった。残された家族は、理由はわからないが、その家を捨てて引っ越した。

誰もいなくなったその家から妻の遺書が見つかった。

家族に宛てた手紙と夫に宛てた手紙。家族の詳細はいまとなってはわからないため届けようがない。

青いボールペンで力なく書かれた文字だけでも悲しく感じる。

夫に宛てた遺書は、封筒の宛名は「旦那様へ」。裏には妻の名前が書いてある。そして妻の名前の横には、申しわけなさそうに「悲しい妻より」と添えてあった。

この文字を見て、僕は封を開けられなくなった。

この手紙は、奥さんが旦那さんのためだけに書いた、最後に伝えたいことだ。

封筒が僕に「開けないでほしい」と懇願しているように感じた。

その遺書はいまでも開けずに大切に保管している。

開けられなかった、いや開けてはいけない遺書。

「悲しい妻」からの最後の手紙は、この先も開けずに持ち続けようと思う。

## あとがき

僕のもとへ二ヶ月に一回のペースで母（みさえ）から紙が届く。

内容は「借金をするな」とか「信用が大事」とか「遅刻厳禁」などなど。

紙は不思議な存在だ。

紙に書かれたものをもらってしまうと、まったく捨てられない。

僕の部屋には呪物と共に紙が溜まる一方だ。

紙で書かれたものには念のようなものが込められていると思う。

やはり紙は神なのかもしれない。

捨ててしまうとバチが当たりそうな気がする。

素材が植物だから、かつて生きていたものへの畏怖の念があるからだろうか。

それが古くなればなるほど力を増すような気がする。

昔の紙が現代にも残っているということは、人々がそれを残そうとしたからで、その想いが紙にも宿っているのかもしれない。

和紙は千年持つとされ、洋紙の寿命は一〇〇～二〇〇年といわれているそうだ。

ということは本の寿命も同じぐらい持つ。

この『紙呪』が焼かれたりしない限り、僕が死んでも残り続ける。

そのとき手に取った人が何を思うか考えただけでも心が躍る。

最後に、紙にまつわる不思議な話を教えていただいたみなさま、二見書房の千田さん、森岡さん、フォトグラファーのスージーさん、デザイナーの平塚さん、手に取っていただいたみなさま、そしてまだ見ぬ一〇〇年後、二〇〇年後のみなさま、本当にありがとうございます。

**田中俊行**（たなか・としゆき）

兵庫県神戸市灘区出身。怪談・呪物収集家。オカルトコレクターの肩書を持つ。稲川淳二の怪談グランプリ2013王者。怪談最恐戦2021優勝、四代目怪談最恐位。YouTubeチャンネル「トシが行く」のほか、TBS系「クレイジージャーニー」に出演するなどメディアやトークイベントなど多方面で活躍中。

著書『あべこべ』（二見書房）、『呪物蒐集録』『神戸怪談』（ともに竹書房）のほか、共著に『ぼくと呪物の奇妙な生活』（漫画：オオイシヒロト／竹書房）などがある。

X　https://x.com/tetsu_gamon

撮影　SUSIE

ブックデザイン　平塚兼右（PiDEZA Inc.）

---

紙《かみ》呪《のろい》

---

2024年7月25日　初版発行

著者　田《た》中《なか》俊《とし》行《ゆき》

発行所　株式会社二見書房

東京都千代田区神田三崎町2-18-11

電話　03（3515）2311［営業］

03（3515）2313［編集］

振替　00170-4-2639

印刷　株式会社 堀内印刷所

製本　株式会社 村上製本所

---

落丁・乱丁本はお取り替えいたします。

定価は、カバーに表示してあります。



ISBN978-4-576-24060-2

https://www.futami.co.jp/

# 二見書房の怖い本

## 田中俊行既刊！

田中俊行

『あべこべ』

## 怖い本最新刊！

松原タニシ

『恐い怪談』

岩井志麻子・平山夢明

『あのとき死なずにすんだ理由
あの日、あのとき、あの場所で
感じた理解不能な恐怖』

## 映画『事故物件 恐い間取り』ベストセラー原作

松原タニシ

『事故物件怪談
恐い間取り』

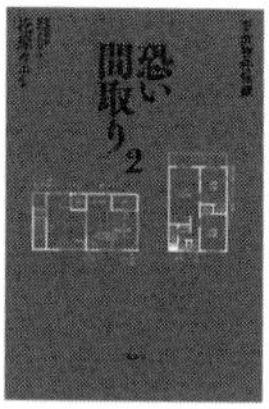


松原タニシ

『事故物件怪談
恐い間取り2』

松原タニシ

『事故物件怪談
恐い間取り3』

## 食の不思議な話

松原タニシ

『恐い食べ物』

## 日常の余白に潜む怪

深津さくら

『怪談びたり』

深津さくら

『怪談まみれ』

鬼神喼急如律令

鬼神喼急如律令